# 美に基準はない。美しくなる権利は誰にでもある。

トータルビューティーアドバイザー
亜耶バネッサ
AYA VANESSA

美しい景色を探すな。景色の中に美しさを見つけよ。

——フィンセント・ファン・ゴッホ

# はじめに

この本は、「憧れの誰かになりたくてメイクをする人」ではなく、

**「自分の美の可能性を最大限に引き出したくてメイクをする人」**のためのものです。

憧れの誰かになろうとしても、永遠にその人を追い続けることになってしまいます。

憧れの誰かと同じメイクをしても、心が満たされる保証はどこにもありません。

それならば、「今の私の顔がいちばん素敵！」と思えるような、
これからの私がワクワクするような、そんなメイクをしたいと思いませんか？

美に基準はない――。
世の中で言うところの〝美しさ〟と自分を比べる必要はなく、
どんな人にも、それぞれの美しさがあります。
美しくない人なんて、ひとりもいない。
だからこそ、「憧れの誰か」ではなく、
「自分らしさ」を目指してメイクをしていきましょう。

## 「自分の顔の好きなところはどこですか？」

これは、いつも私がメイクレッスンの最初にする質問です。
じつはこの質問をすると、
予想以上に多くの人が、自分の顔の好きなところを答えることができません。
美容室に行ったり、オシャレを経験してきたはずの大人の女性でも、
自分の顔に自信を持つことに臆病になるのはなぜでしょうか？

「昔と比べて、もう若くないから」

「子ども中心の生活で美容にかける時間が取れないから」

「キレイでいることを求められていない環境だから」

その理由はいろいろありそうですが、
そんな人にこそ、今からメイクにチャレンジしてほしいんです。

**なぜなら、メイクで本当の自分を取り戻すことができるから。**

**メイクで「今の私で大丈夫」と自分に自信を持つことができるから。**

私たち女性はいつも、まわりとの関係性のなかで
自分の容姿にネガティブになりがちです。

「目が小さいのが悩み」

「唇が厚くてイヤだな」

「そばかすが汚いから隠したい」

こんなネガティブな思いも、
**すべては誰かがつくった美の基準に自分を当てはめたことで生まれること。**

私自身も出産後に体重が増えたときに、

「太ったね」

「また痩せたらキレイになれるよ」

「いつになったら痩せるの？」

などと周囲から言われ、疑問を感じたことがありました。

**「痩せていなければ、美しくないの？」と。**

もちろん、そんなことはない。

目の大きさや唇の厚さ、シミやクマの数や体重がどうであれ、
自信を持って、笑顔で、毎日をハッピーな気持ちで過ごせること。
それこそが、その人の美しさをつくり出すものだと思うのです。

自分のなかの感情に振り回されてネガティブになることだってあります。
モヤモヤした気持ちが募って
「メイクをがんばる気にもなれないな」と思ったとき。
思いどおりにいかないことがあって
「今日は日焼け止めだけでいいや」と思ったとき。
落ち込むような壁にぶちあたって
「もうメイクなんてしている場合じゃない」と思ったとき。
鏡を見て、思わずため息をつくようなブルーな気持ちになって
しばらくメイクをおやすみしていませんか?

でもそれ、じつは「逆」なんです。
**「気分が落ちているからメイクをしない」のではなく、**
**メイクをすれば自然と気分は上がっていくものなのです。**
だから、ネガティブな方向に引っ張られそうになったときこそ、
自分の顔と向き合って、メイクをしてほしい。

メイクをすることは、私自身にも大きな自信を与えてくれています。
不安定になりそうになるときや、心が折れそうになるとき、
メイクはいつでも優しく、力強く私を包んでくれる鎧のような存在です。

コロナ禍で対面式のメイクレッスンができなくなったとき、
当時はまだ珍しかったインスタグラムでのメイク動画には、
いきなりフォロワー数が3万人を超えるという大きな反響がありました。
大勢のみなさんに観てもらえることもうれしかったのですが、
私の発信を通して、諦めかけていた美しさと自信をメイクをすることで取り戻し、
私と一緒に前を向いて、顔を上げて歩いて行こうと思ってくれた人が
こんなにもたくさんいるんだ、と実感できたことに心が震える思いでした。

**メイクをすると見た目が変わる。**
**見た目が変わるからマインドも変わる。**
**だから、メイクをすることを選んだ女性はさらに美しくなっていくんです。**

**「メイクは自分に自信が持てるようになるための武器です」**

SNSなどで、そう発信しています。

メイクは顔をつくるだけのものでも、
キレイに見せるためだけのものでもない。
**もっとそれ以上に私たちにとって価値あるもの、**
**自信や自己肯定感を身につけるための「武器」なんです。**

「昔と比べて、もう若くないから」とあきらめるのではなく
「どれだけ年齢を重ねても今がいちばんキレイ」と胸を張って生きていく。
「子ども中心の生活で美容をおろそかにしているから」と自分を後回しにするのではなく
「ずっとできなかった美容を、今ここでアップデートしよう」と自分に誓いを立てる。
「キレイでいることを求められていない環境だから」と勝手に決めつけるのではなく
「他人は他人。私は自分の軸を持ってメイクをしていこう」と自分の道を選択する。
そう思えるようになることが、メイクという武器を持つ意味なのです。

トレンド、常識、ルール、固定概念、まわりからの声。
仕事、家族、友人、世間体。
そうしたことを気にしすぎて、いつも誰かに主役を譲ってきませんでしたか？
もしもそう感じるなら、この本を読んで
**〝自分のため〟のメイクとマインドを手に入れてください。**
この本には、あなたのままで最大限に（Be You To The Full）
いつでもいつまでもあなたが美しく輝くためのアイデアがたくさん詰まっています。

**美しくなる権利は誰にでもあります。**
**美しくなるチャンスはいつでもあります。**
**後悔とは「何をしたか」ではなく、「何をしてこなかったか」です。**
さあ、もう恐れることはありません。
遠慮せずに自分の人生を主人公として生きていきましょう！

2024年10月吉日　亜耶バネッサ

# Contents



CHAPTER 1

My Face, My Choice

## 私の顔は、私が選ぶ

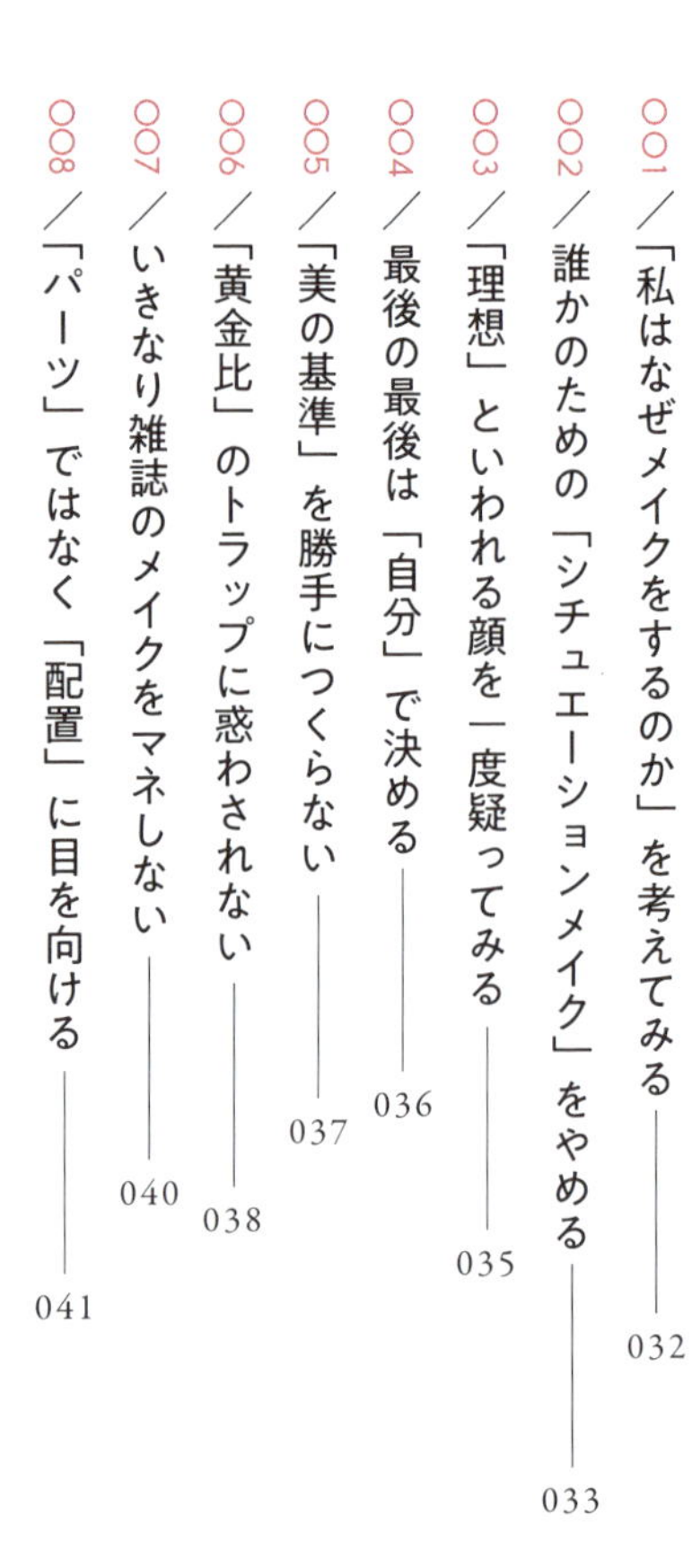

CHAPTER

# 2

Imperfect/
I'm Perfect

# 完璧じゃないことが、完璧

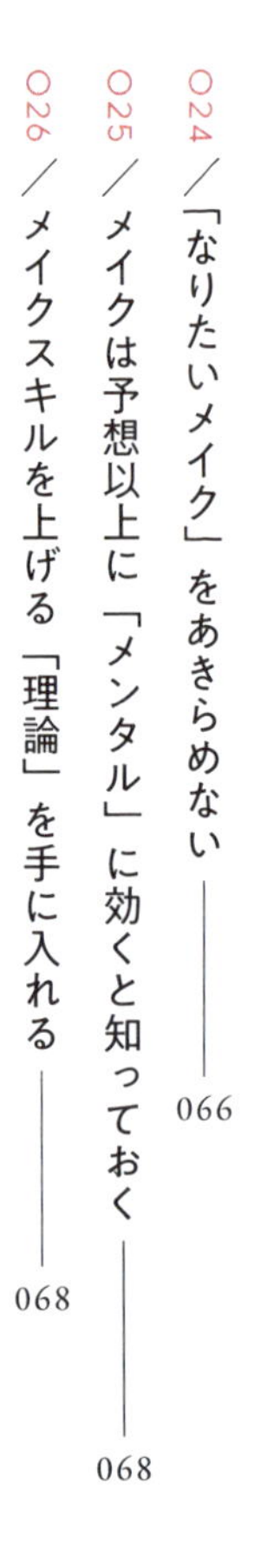



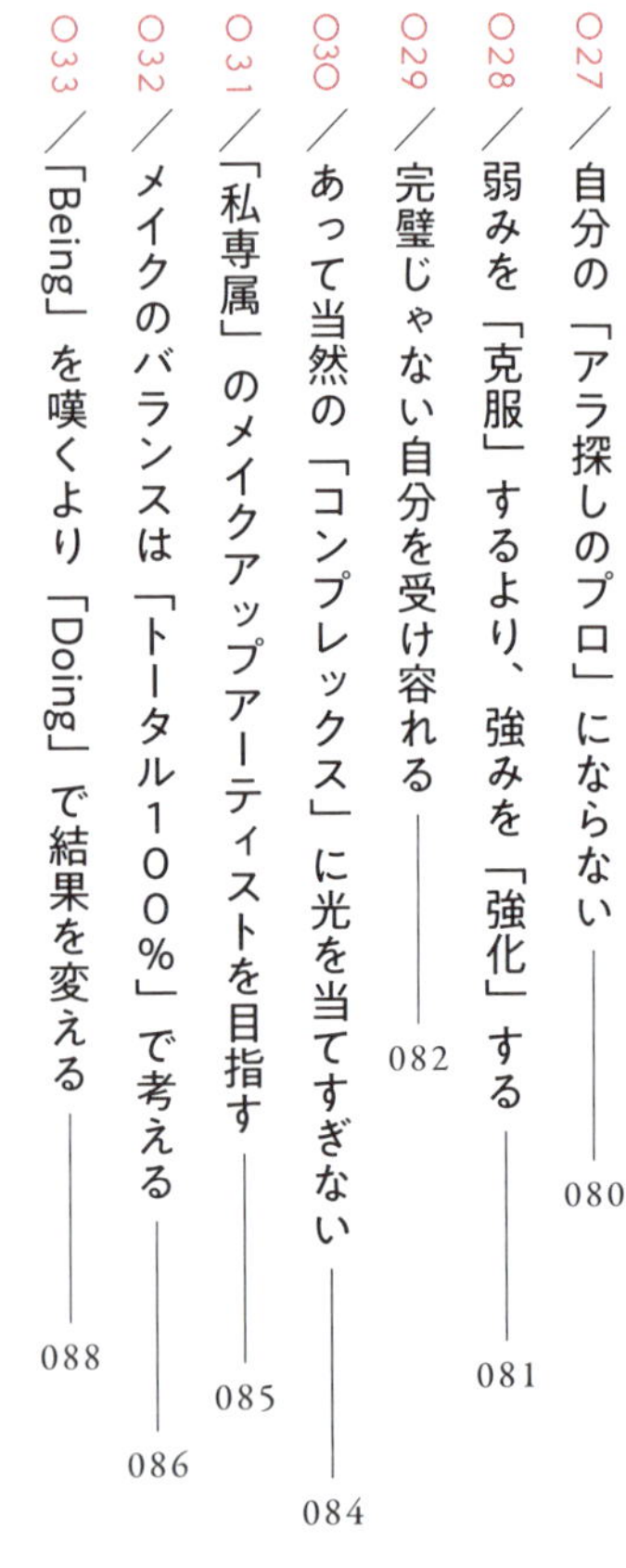

CHAPTER

# 3

My Ambition



## キレイになる欲を持とう

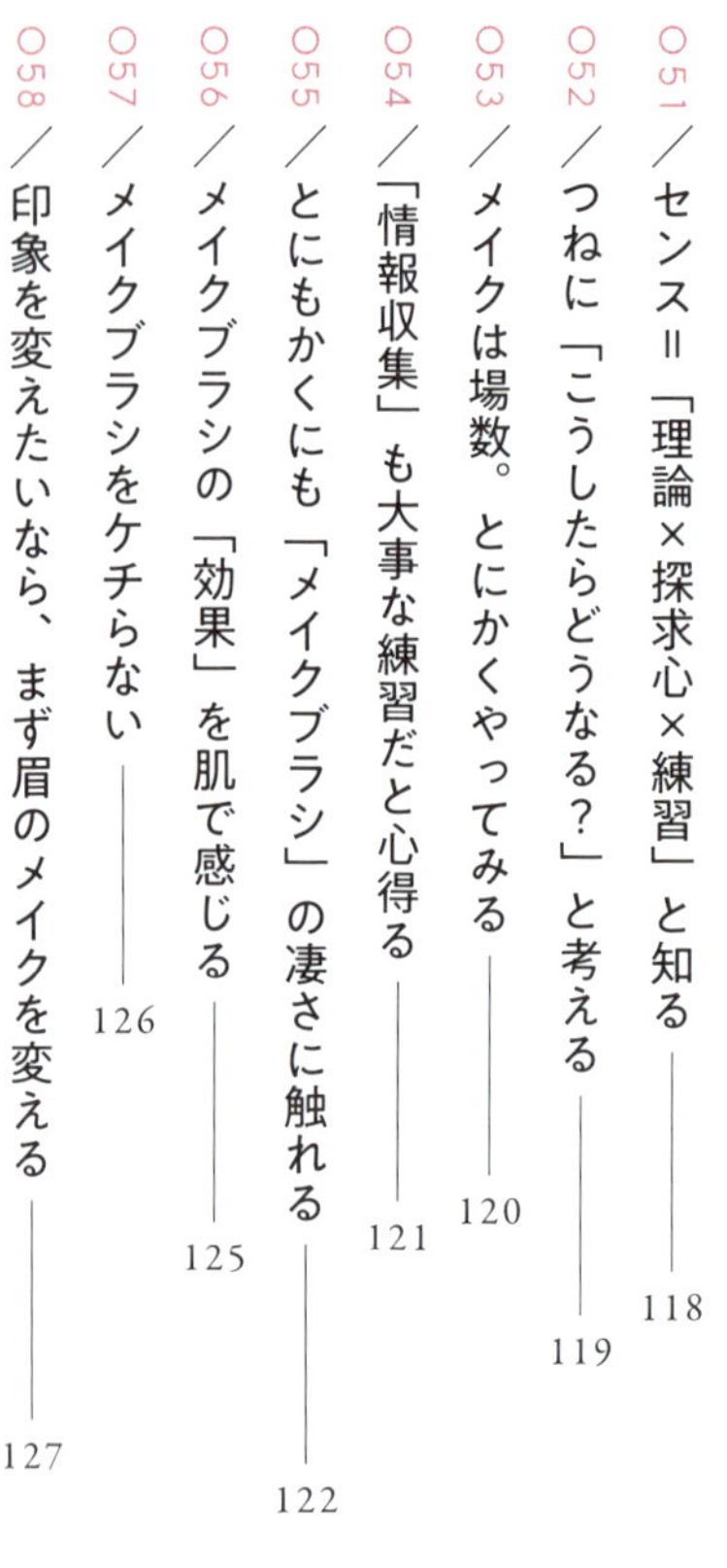

# 新しい自分を見つけよう

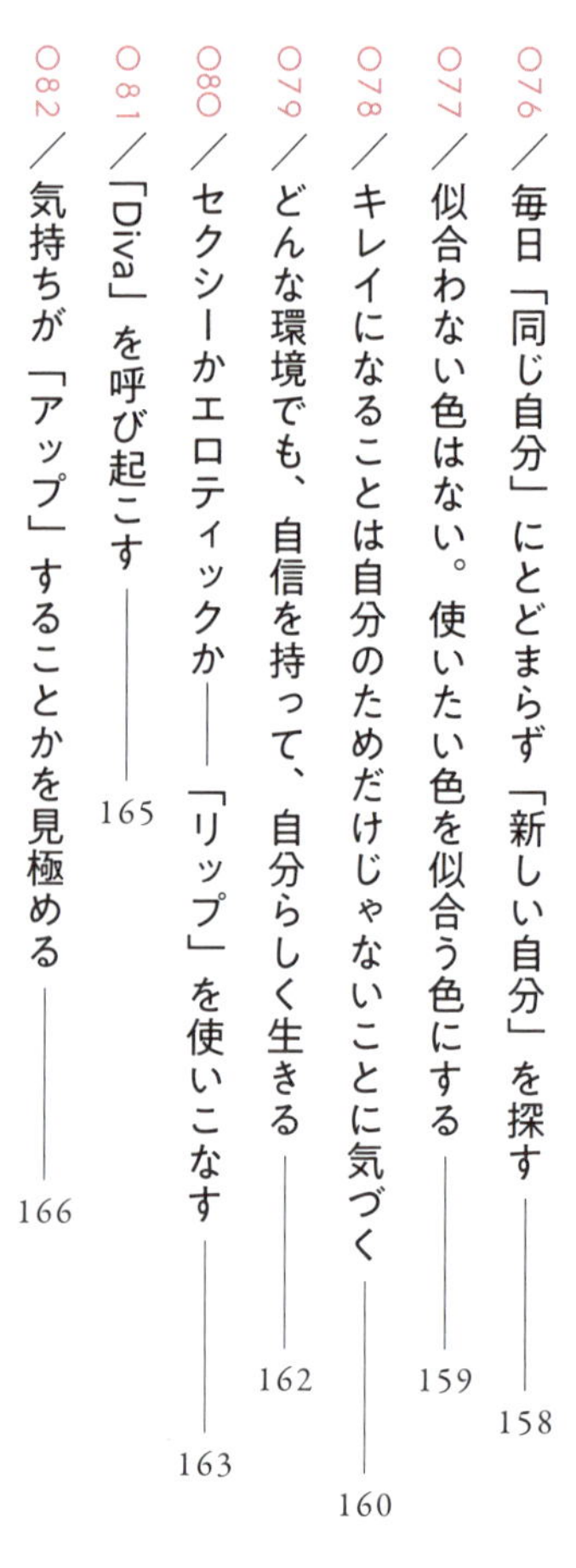

CHAPTER

# 5

Be You To The Full

## あなたのままで最大限に



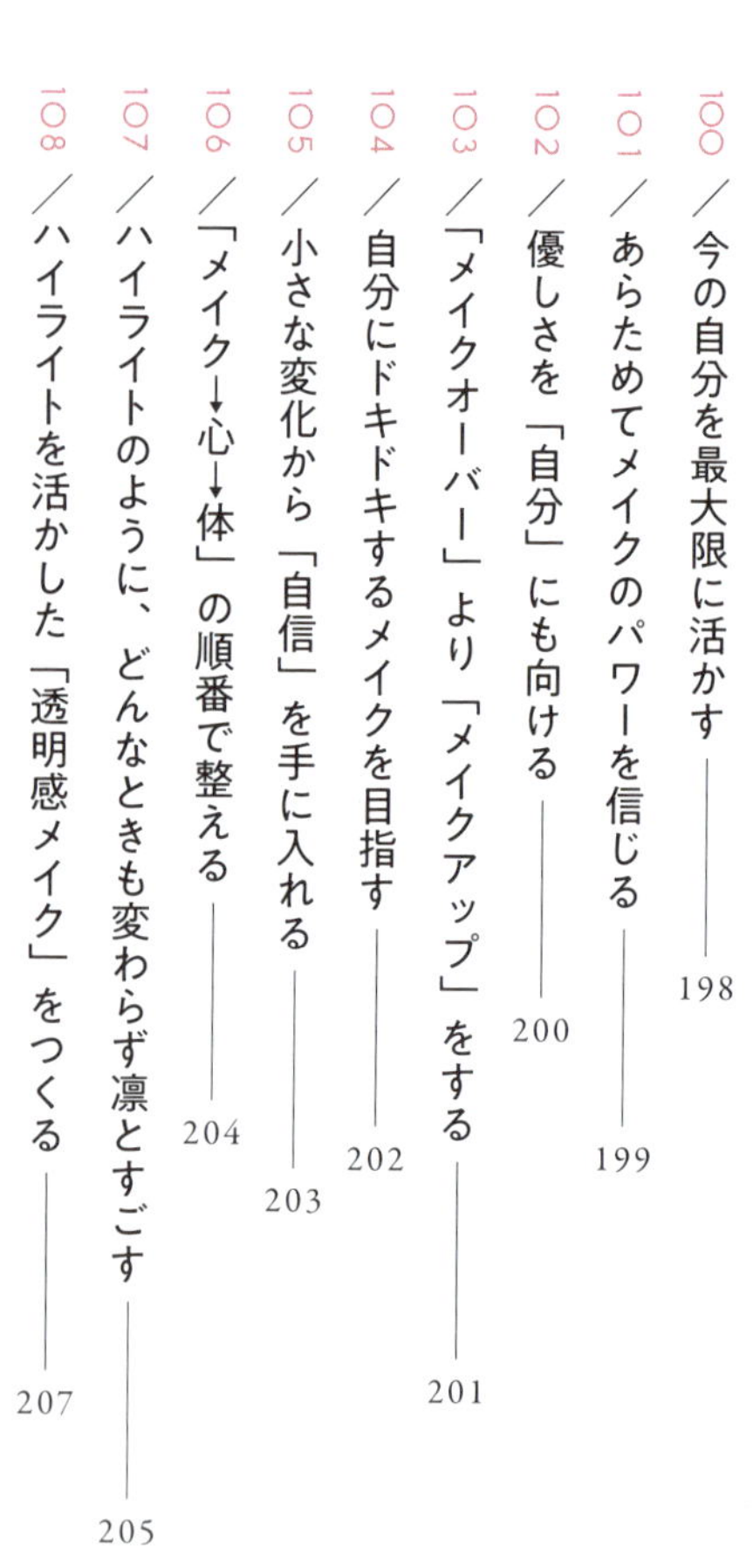

# CHAPTER

# My Face,
# My Choice

## 私の顔は、私が選ぶ

「今日はどんな顔の私でいたい？」

「今日の私はどうありたい？」

毎朝、鏡を見て自分にそう問うのは、
私の選択肢は私にあることを確認したいから。

いつだって主導権は自分が握る。

誰にも譲らない「私」でいよう。

001

# 「私はなぜメイクをするのか」を考えてみる

「なぜ、あなたはメイクをするのですか？」

もしも、こんな質問をされたら、あなたはどんなふうに答えますか？

「大人のマナーだから」「ちゃんとしている人に見られたいから」「キレイだねって褒められたいから」「顔のコンプレックスを隠したいから」というように、いろいろな答えが聞こえてきそうです。

じつは今ここで私があなたに質問したのは、一般的に世の中の常識といわれているような〝正解〟を聞きたかったからではありません。あなたにとって、**メイクをする〝意味〟というものを、一度立ち止まってしっかり考えてほしかったからです。**

メイクは義務やマナーといわれるけれど、本当にあなたもそう思っていますか？

メイクをしてキレイになりたいのは、いったい誰のためですか？

メイクで隠したい部分は、あなたが世の中と比べて一方的に決めつけたことではないですか？

そんなふうに、これまで〝なんとなく〟でしてきたメイクについて、ひとつずつ自分に疑問を投げかけてほしいのです。

なぜなら、メイクは思っているよりずっと楽しくてワクワクするものだと気づいてほしいから。メイクによって人生が変わるくらい、もっと自分を楽しんでほしいから。

**メイクはいつだって、今のあなたを最大限に活かすことができる、もっとも身近でもっともパワーを持った武器。**

メイクは〝自分らしく生きていく〟ための最強のツールのひとつなのです。

## 002 誰かのための「シチュエーションメイク」をやめる

「職場では地味なメイクが無難だろう」「女友達との食事会ではトレンドを取り入れたメイクにしなければ」「デートのときは彼の好きなナチュラルメイクが鉄則」というような、いわゆる〝シチュエーションメイク〟を今までしてきた人には、声を大にして伝えたいと思います。**「正解を追いかけ過ぎず、もっと自分を楽しんで！」と。**

もちろん、シチュエーションメイクをすることが楽しいと感じているなら大賛成。

でも、もしも「なんか雰囲気が変わったね」「急にどうしたの？」などと思われるのが怖くて、どこかで見聞きしたシチュエーションメイクに頼っているなら、私と一緒に〝自分の可能性〟を探ってみませんか？

**大切なのは、誰かの反応よりも自分がどう感じるか。**自分のやりたいことをする、自分の夢を叶える、自分のなりたい人になる……そうやって自分のことだけに集中すると、まわりからの雑音は単なるノイズでしかなく、自然とあなたの耳に入ってこなくなるはずです。

**本来、私たち女性がいろいろな色や質感を求めるのは、そのときどきで今の自分を楽しみたいから。**私の場合、インスタライブをする私も、友達の結婚式に参加する私も、子どもと本気でサッカーをする私も、夫とふたりの時間を過ごす私も、全部、私。いつでも〝今〟の自分が違うから、その日そのとき、いろいろなメイクをしていろいろな自分を精一杯楽しみたいのです。

だからこそ、「私はこうなりたいからメイクをしています」「私はこうしたいのでメイクをします」といったメイクをする意味を言えることは、自分を楽しむための大切なキーワードだと思っています。

003

## 「理想」といわれる顔を一度疑ってみる

「これが基準です」というものは、一度疑ってみる。これは、私が自信を持って自分らしくいられるために実践していることのひとつです。

美容でいえば、「これが理想の顔です」といわれている顔があったとしても、私はその顔に寄せていくメイクはしません。

だったらどうするか？　私はまず、**「それは誰にとっての理想なの？」と疑ってかかります。**そして「多くの人にとっての理想の顔と、私が考える理想の顔は同じではないわ」と考えて、「多くの人にとっての理想の顔の私より、私らしさが伝わる私の理想の顔でいよう」と鏡に向き合ってメイクをはじめるでしょう。

一度疑うことで、「じゃあ、私はどういう顔が理想だと思ってるの？」と自分が思う本当の理想の顔を知ることもできるし、メイクをすることで「これが今の私の理想の顔です」と自信が持てるようにもなります。

誰かと同じ理想の顔を目指すのをやめること。それが、あなたが思うあなたの理想の顔になるための第一歩です。

## 最後の最後は「自分」で決める

今は、ネットやSNSでもたくさんの美容情報であふれる時代。だからこそ、どんな情報であっても「それって、本当に私に合ってるの?」「これは私にとって本当に必要なこと?」と疑う目で見ることが欠かせません。

そのうえで、自分に合っていると感じたり、必要かもしれないと思ったりしたことは試してみればいいと思います。

そうやって、自分で納得できたことに対して挑戦したことは、たとえそれが合わなかったり必要じゃないとわかったりしても、「じゃあ、どういう方法なら叶えられるかな?」と考えるきっかけになるはず。

**自分の心で感じて、自分の頭で考えて、自分自身が行動を起こす**——このプロセスこそが、大人の女性を内側から輝かせる自信になっていくと思います。

005

## 「美の基準」を勝手につくらない

世間一般に〝いい〟とされることでも、100%自分に当てはまるとは限らない。だから、自分の〝いい〟は、自分で見つけていこう。……これも、私がいつも思っていることです。

私が主催するオンラインサロン「Bloom（ブルーム）」では、見た目の美しさをつくるための技術はもちろん、考え方やマインドに関することも発信しています。「Bloom」の価値観や行動規範を表現したクレドのうち、いちばん最初に掲げているのは「美の基準をつくらない」というものです。**誰でも一人ひとりそれぞれの美しさがあって、それぞれに素晴らしいということを、私だけでなくすべての女性が当たり前のこととして感じていてほしいからです。**

仮に「なりたい顔」があったとしても、そのお手本となる顔のメイクを丸ごとそっくりマネすることはおすすめしません。真のあなたの美しさは、なりたい顔のお手本を活かしつつ、あなたなりのメイクにアクセントをつくることができたとき、はじめて実現するものだからです。

## 「黄金比」のトラップに惑わされない

美の基準というものについて、私があらためて考えるきっかけになったのは「黄金比」という言葉を知ったときでした。

よく知られているとおり、黄金比とは人がもっとも美しいと感じる「1：1・168」というバランス配分比率のこと。美容業界はもちろん、あらゆる分野において世界共通の美の基準とされています。レオナルド・ダ・ヴィンチが描いたモナリザの顔のヨコとタテの比率が黄金比であることも有名な話。顔全体のバランスだけでなく、顔のそれぞれのパーツの位置や大きさなども「黄金比＝美しい」といわれているようです。

だからこそ、黄金比に近づけるようなメイクをすると、誰でもいわゆる〝美人顔〟になれる、というルールが広まったのかもしれません。具体的には「目の横幅と左右の眼がしらの間隔が○：○のバランスになるようなアイメイクをしましょう」「鼻の下から唇のセンターまでと、唇のセンターからアゴの先までの比率が○：○になるようにシャドウを入れましょう」といった黄金比に沿ったバランスでメイクをする、というものです。

私自身、黄金比に近づけるメイクをはじめて知ったときは「なるほど、こうやって美しさはつくっていくものなのね」と感心したものです。ところが、メイクの勉強を重ねていくうちに抱きはじめたのは、「私たちが思う美の基準って、ひとつじゃないのでは？」という違和感でした。

鏡に映る自分の顔を見たときに優しい気持ちになるのが心地いいなら柔らかいニュアンスのチークを丸く入れるのもいいし、仕事でどうしても結果を出したいと気合いを入れるならキリッとしたラインを強調したアイメイクをするのもアリ。**明らかに、黄金比より「なりたい自分」を優先したほうが、メイク後の自分の心に満足できるというもの。**

つまり、お手本に忠実なメイクをして誰かがつくった美の基準にふさわしい顔になるより、自分が〝いい〟と思ったメイクをするほうが、美しさや自信が内側からにじみ出ると気づいたのです。

もちろん、自分が〝いい〟と感じることをメイクで実現するためには、基本のメイクの理論を知る必要もあります。それをこれから一緒に学んでいきましょう。

## いきなり雑誌のメイクをマネしない

ネットや雑誌、SNSで紹介されていたメイクを自分の顔で試してもなんだかしっくりこなかったことはありませんか？

モデルの女性と同じように、今っぽい空気感をまとったメイクやトレンドカラーを取り入れたのに、自分の顔で再現しようとしてもなぜかピンとこない。じつは、この現象は多くの人が経験していることで、私もたくさんの人から相談されてきました。

そこで、雑誌で見た顔をマネしてもピンとこない原因を自分なりに分析してもらうと、彼女たちからはこんな声が返ってきます。

「プロの技術をマネしようとしても、不器用だからスキル的に無理なのだと思う」

「プロが使っているコスメやメイク道具が違うので、再現しようにも限界がある」

たしかに、そう思いたくなる気持ちもわかりますが、じつはもっと根本的かつ最大の問題があるのです。

それは、**そもそも多くの人が「自分の顔を正しく分析・理解できていない」ということです。**これは私がこれまでトータルビューティーアドバイザーとして多くの女性と向き合ってきて感じていることもあるのですが、メイクについて学ぶ機会がないがために〝自分の顔をわかっていない人〟が多いのです。

とにかく徹底的に自分の顔を知り、自分の顔を受け入れること。このことは、思いどおりのメイクをするためには必ず通らなければならない道だと心得ましょう。

## 008 「パーツ」ではなく「配置」に目を向ける

自分の顔を知り、自分の顔を受け入れる。それは、「小顔かどうか」「まぶたが一重か二重か」「唇が薄いか厚いか」といった、それぞれのパーツにフォーカスした話ではないということです。

**顔や目、口の大きさや形は、人それぞれによって〝好き〟が違うもの。単なる好みの問題でしかありません。**

そうした、**「顔のパーツ」よりもはるかに重要なのは「パーツの配置」です。**自分の顔を知るということは、自分の顔のタイプを知ること。そう断言してもいいでしょう。

自分の顔を分析するということは、これから先、あなたがメイクをしていくうえですべての基本になります。「私の顔はこういうタイプだから、ああいう雰囲気(メイク)の人になりたいときはこんなふうにメイクをすればいいはず」という、あなただけの最適解を見つけやすくなるのです。

……さて、ここまで読んで、もうおわかりですか？　雑誌で見た顔をマネしてもピンとこないのは、**メイクのテクニックや使うアイテムのせいではなく、あなたの顔とモデルさんの顔のタイプが違うから、**というとてもシンプルな理由なんです。

顔のタイプが違えば、同じメイクをしたとしても同じ仕上がりになるはずはありませんよね。

では早速、あなたの顔を分析する方法をご紹介していきましょう。

009

## 何よりも「自分の顔の傾向」を分析しておく

100人いれば100通りの違いはありますが、顔のタイプは大きく4つあります。それぞれの特徴は次のとおりです。

□顔の上のほうに重心があるタイプ（HIGH - FOCUS FACE）

額が狭く、鼻が長め。頬が長い。下のほうに余白がある。印象は「大人っぽい」「クール」「頼もしい」。有名人では、天海祐希さんや綾瀬はるかさんなど。

□顔の下のほうに重心があるタイプ（LOW - FOCUS FACE）

額が広く、鼻が短め。上のほうに余白がある。印象は「子どもっぽい」「可愛い」「親しみやすい」。有名人では、安達祐実さんや宮﨑あおいさんなど。

□顔の外側に重心があるタイプ（OUTER - FOCUS FACE）

左右の眉や目などが離れている。鼻のスタート位置が低く、中心に余白がある。印象は「のんびり」「楽観的」「穏やか」。有名人では、安室奈美恵さんや橋本環奈さんなど。

□顔の内側に重心があるタイプ（INNER - FOCUS FACE）

左右の眉や目など顔のパーツが中心に寄っている。外側に余白がある。印象は「まじめ」「几帳面」「てきぱきしてる」。有名人では、米倉涼子さんや北川景子さんなど。

あくまで「分類」ではなく「分析」ですので、あてはまる要素が複合的になる場合も当然あります。鏡のなかの自分の顔を客観的に見たとき、あなたは4つのタイプのどの要素がいちばん強いですか？

顔の上のほうに
重心があるタイプ

顔の下のほうに
重心があるタイプ

LOW - FOCUS FACE

OUTER - FOCUS FACE

顔の外側に
重心があるタイプ

INNER - FOCUS FACE

顔の内側に
重心があるタイプ

010

## 主導権を握ってメイクをできるようにする

4つの分析は、どのタイプが美人で、どのタイプがいちばんか、といったことを表す指標ではありません。大切なのは、自分がどのタイプかを正しく分析することです。なぜなら、**自分のタイプを正しく知っておくことで「なりたい顔」のつくり方が見えてくるようになるからです。**

たとえば私は、どちらかというと〝顔の内側に重心があるタイプ〟です。だから、「柔らかいニュアンスの顔に仕上げたいな」というときは、アイラインを目の内側から引かずに外側だけにします。

アイライナーも目の外側を中心にまつ毛の根元のスキマを埋めることで、自然と目線も外側に集まるようになります。すると、与える印象も「几帳面」から「穏やか」なものに錯覚を起こすことができます。

ほかにも〝顔の上のほうに重心があるタイプの人〟が「クール」から「可愛い」に印象を変えたいときは、ライトな眉マスカラで眉の印象を薄くしたり、左右の耳をつなげるようにチークを幅広く入れたりして、目線が下に集まるようにして縦の印象をなくす。

反対に〝顔の下のほうに重心があるタイプの人〟が「子どもっぽい」から「大人っぽい」メイクに挑戦するなら、眉を濃く描いて印象的なアイメイクにしたり、ノーズシャドウで鼻筋をつくり目線を上に上げる。

〝顔の外側に重心があるタイプの人〟が「やわらかい」から「きりっとした」印象にしたいなら、眉頭や目頭の少し内側からラインを描いて目線を顔の中心に集めるようにする。

……こんなふうに、自分の顔のタイプを知ってメイクをするようになると、毎日ただ漫然と鏡に向かうのではなく、**「こうしたいから、こんなふうにメイクをしよう」というように、自分が主導権を握ってメイクができるようになるもの。**どんな自分にだってなれることを実感できると、今よりずっとメイクの時間を楽しめるようになるのは間違いありません。

011

## 大人顔か、子ども顔か――「赤リップ」で把握する

自分が「大人顔」なのか「子ども顔」なのかを知っておくだけでも、なりたい顔になるためのメイクの方法や効果がわかるようになります。

まずは、赤リップ、あるいはポーチのなかから赤に近いいちばん濃い色のリップを用意してください。それだけで準備はＯＫ。早速、挑戦してみましょう。

**Q ベースメイク後に赤リップをさっと塗りましょう。自分の顔を見たときの第一印象は「なんだか幼くなったわ」と「ちょっと老けたかも」のどちらでしたか？**

赤リップを塗ると人の目線は自然と濃い色をした唇に引きつけられます。そのときにどう感じるかがポイントです。「なんだか幼くなった」もしくは「変わらない」と

**感じたあなたは「子ども顔」**で、**「ちょっと老けたかも」と感じたあなたは「大人顔」**。

もともと顔の下のほうに重心があるタイプの人は、赤リップを塗ったことでさらに目線が下に集まって、より「子ども顔」が強調されて見えることに。

もともと顔の上のほうに重心があるタイプの人は、赤リップを塗ると目線が分散して「眉⇕唇」の距離が生まれ、縦長の顔立ちが強調されるので「大人顔」に拍車がかかることになります。

もしも、**子ども顔の人が赤リップでクールに仕上げたいなら「眉をいつもより濃いめに描く」「ノーズシャドウを入れる」**など、顔の上のほうにインパクトを持たせて目線を縦方向に逃がすようにします。

反対に**大人顔の人が赤リップで可愛く仕上げたいなら「眉のメイクは引き算にする」「チークを幅広く入れる」**など、顔の下のほうに目線が集まるようにします。

これまで赤リップを「私には似合いそうにないかも」と敬遠してきた人でも、自分の顔が大人顔か子ども顔かを知れば、赤リップの楽しみ方もわかるようになります。

大人顔か子ども顔かを知っておくことは、メイクの幅を広げるためにもおすすめです。

Before

## After

メイクは変えず口紅を赤リップに変えただけ。印象はどう変わりましたか？

012

## 朝のケアは「今日の私」に必要なことだけする

自分の顔のタイプがわかったら、いよいよメイクのスキルを上げる話を……と思うかもしれませんが、ちょっと待って！　メイクをはじめる前にまだ知っておいてほしいことがあります。

たとえばスキンケアのこと。「夜はていねい、朝はスピード」というのは、私がよく話していることです。

どんな立場であっても、朝の時間をゆっくり過ごす人はほぼいないと思いますが、とくに主婦の方なら朝はいつもバタバタではないでしょうか。家族のことを優先させると、自分のことはつい後回しになるものです。

私も、**朝は「洗顔↓導入美容液↓化粧水↓乳液↓日焼け止め」という基本的なスキンケアだけで終わらせることがほとんどです。**でも、私は朝のスキンケアはそれで十分だと思っています。その分、夜に「明日はこれで大丈夫」と翌日の自分の肌のことを考えたスキンケアをしっかりすればいいのです。

限られた朝の時間には最低限、今朝の自分の顔に必要な基本のことだけをする、という超シンプルスキンケアが私の出した最終結論です。

## 013 毎日のルーティンより今日のコンディションを重視する

月曜日の朝はスキンケアの後、後頭部から頭のてっぺんにかけてマッサージすることもあります。

具体的には、グーにした手でグリグリと頭皮を前から後ろに引き上げるようにマッサージをします。頭と顔は1枚の皮でつながっているので、頭皮を引き上げるようにマッサージをすることで顔のリフトアップ効果も期待できるのです。

マッサージによって少しずつ引き締められていく鏡のなかの顔を見ていると、週末のリラックスモードからお仕事モードに気持ちもシフトしていきます。

**「毎朝必ずこれをする」と決めるより、「今朝の私の顔には何が必要？」と思って鏡に向き合うのはメイクもスキンケアも同じ。**毎朝違う自分のコンディションに合わせ、顔全体を整えていきましょう。

014

## 洗顔はメイクの「直前」にする

「洗顔」「保湿」「UVケア」という基本的な朝のスキンケアのなかで、私がもっとも意識しているのは「洗顔」です。とくにこだわっているのは、洗顔料や洗い方ではなくタイミング。つまり、**「いつ、顔を洗うか？」**ということです。

仕事をしていると、午前中からお客様の顔にメイクをする機会があります。驚いたのは「洗顔だけ済ませてノーメイクで来ました」という場合でも、メイク前にフェイスシートで顔を優しく拭き取ると、意外と汚れているケースが多いということです。

考えてみれば、**朝起きてすぐに洗顔をしても、その後で朝食の準備やゴミ捨てなどといった家事をする間に汗や皮脂の汚れ、ホコリ、花粉などは付着するもの。**その上から保湿やメイクなどをすることは、肌にとってプラスの影響を及ぼすとは思えませんよね。

だから私は、「洗顔するのは保湿やメイクなどの直前」と決めています。泡立てた洗顔料を使って、寝ている間についた顔の汚れをしっかり落とす。洗顔後は、つねに清潔を保つために、使い捨てのペーパータオルなどで肌を優しく押さえて拭き取る。そのあとで、間髪入れずに保湿ケアをはじめる……という流れを大切にしています。

## 015 メイク崩れは、化粧水の「縦入れ」でブロックする

摩擦はお肌の大敵。「顔はゴシゴシ洗わない」「洗顔後はタオルでガシガシ拭かない」などはよく聞くと思いますが、化粧水のつけ方でも肌へのダメージは変わります。

意識したいのは、**化粧水は肌に対して垂直につける**、ということ。化粧水は、肌に並行して広げて塗る「横塗り」が悪いというわけではありませんが、私がしているのは「縦入れ」です。**肌の上に伸ばしたあと、毛穴の向きを考えて「下↓上」のイメージで、肌の奥まで化粧水を浸透させせましょう。**

化粧水の「縦入れ」は、メイク崩れが気になるときにもおすすめです。圧をかけて化粧水を肌に押し込むことで、毛穴の奥にある皮脂を抑える効果があるといわれています。肌の表面に出る皮脂を抑えることができれば、夏場や長時間のメイクでも崩れにくくなるはず。ぜひ試してみてください。

016

## ベースメイクは「スピードと立体感が命」と心得る

スキンケアまで終えたら、一気にベースメイクまで仕上げるのがポイントです。

つまり、**「洗顔→導入美容液→化粧水→乳液→日焼け止め→下地→コンシーラー（ファンデーション）」までを手を止めることなく進める**、ということです。

洗顔後のいちばんクリーンな状態をキープしたままベースメイクまで終わらせると、ベストコンディションでその後のメイクに移ることができるからです。

私の場合、時間に余裕がまったくない朝は、スキンケアからベースメイクまで最速2分で仕上げることもあります。

ベースメイクは立体感を意識することも大切です。顔の中心がもっとも明るいゾーンで、外側にいくにしたがって少しずつトーンを落とすように仕上げていくと立体感を出すことができます。そのためには、コンシーラーやファンデーションを、単純に「カバーしたいから厚めに」「ナチュラルにしたいから薄めに」と塗るのではなく、パーツによってメリハリをつけながら顔にのせていきます。

というのも、目の下のクマや小鼻の横の赤みを増した部分と、おでこや頬の色味は異なるはず。それぞれのパーツに合わせて色補正したり、明るくしたりして仕上げていくことで、ムラのない肌が完成します。

ベースメイクはスピード感と立体感で勝負する、と覚えておきましょう。

## 017 「ソフト」と「シャープ」の2軸でメイクを考える

今日、あなたがどんな顔になりたいか迷ったとき、自分のメイクの方向性を決めるヒントがあります。それは、ソフトとシャープという2つの軸で考える、ということです。

ソフトとシャープのそれぞれの「色」「形」「質感」の特徴は、左ページの表にあるとおりです。

色なら、明度が高ければソフト、反対に低ければシャープ。形なら、曲線はソフト、直線はシャープ。質感なら、パウダリーがソフト、ツヤっぽいならシャープ。こうした、ソフトとシャープの特徴を組み合わせて自分のなりたい顔を見つけていきます。

たとえば、「ピンクのアイシャドウやリップを使ったメイクをしたいけれど、甘くなりすぎるのは避けたい」という場合、並行眉や目尻のアイラインを描いて直線のニュアンスを出してソフトとシャープのバランスを取るのもいいし、「今日はとことんハンサムな女性を目指す」という場合、ツヤ感のあるベースメイクにグレーやシルバー系のアイテムでスモーキーなアイメイクをしてシャープな印象を強化するのもアリ。

ソフトとシャープを使い分けられるようになれば、なりたい顔をメイクで自由につくることができるようになります。

| | ソフト | シャープ |
|---|---|---|
| 色 | 高明度<br>パステル<br>ペール | 低明度<br>ビビッド<br>ディープ |
| 形 | 丸<br>曲線 | 三角<br>四角<br>直線 |
| 質感 | やわらか<br>ふんわり<br>粉っぽい | 硬い<br>ツヤ<br>マット |

018

## 「付属チップ」は基本、使わない

メイクのプロは使わないのに、意外と多くの人が使っているものがあります。アイシャドウのパレットに入っているチップやチークについているブラシといった、メイクのアイテムの付属品です。

たとえば付属品のチップの場合、「小さくて使いにくい」「のせるアイシャドウの量の調節が難しい」といった声を聞きますが、私はそういったネガティブな理由で使うのをやめたわけではありません。

私が付属品を使わない最大の理由は、「もっと可能性を引き出すことができるから」。可能性を引き出すアイテムとはメイクブラシです。**使うアイテムを付属のチップやブラシからメイクブラシに変えるだけで、メイクは一気に垢抜けます。**絶妙なグラデーションのアイシャドウや自然な血色感のチークも、メイクブラシを使えば誰でも叶えられるのです。

メイクブラシの凄さは、一度使ったらもう後戻りはできなくなるくらい。使ったことがない人は、自分の手で、目で、メイクブラシの威力を実感してみてください。

019

## 私はこうしたい、私はこれがいい——自分軸で生きる

「メイクの正解がわからない」という悩みを持つ人は多いもの。もしも、あなたがそのひとりなら、私は今、あなたに言ってあげたい。**「大丈夫。鏡に映るメイクした自分の顔を見て、あなたが『よしっ！』と思えたらそれが正解です」と。**

自分のメイクに迷ったときでも「これが正解！」と自信を持てるようになる秘訣は、「自分軸」を心に持っておくことです。**自分軸とは「私はこうしたい」「私はこれがいい」という自分の心の声のこと。**「誰かにこう見られたい」「似合わないと言われたから着ない」といった他者を優先した意見は、あなたの心の声ではありません。たとえそれがプロからの意見だったとしても、最後は自分の心の声にしたがってほしいのです。

自分軸を持つためには、まず今日から「自分の頭で考えて、自分で選択する」ことを意識することです。

今日は、どんな服を着る？

今日は、どんなメイクをする？

そうした日常の小さな問いかけに対しても、しっかりと自分の頭で考えて、自分で選択するようにします。たくさんの選択肢があるなかで、最終的に自分のスタイルを選んでいるのはあなた自身です。


**なぜ、今日そのメイクにしたの？**

**なぜ、今日その服を着たの？**

**選んだ理由はあなたの心はわかっているはず。**「私はこうしたい」「私はこれがいい」を意識して言語化できるようになれば、自分軸が持てた証拠です。

あなたの決定権は、あなたのものです。Be your own boss!!

020

## 「私にしか私はなれない」と気づく

メイクもそうですが、何か新しいことに挑戦したり、達成したい目標を見つけたりしたとき、「やってみたいな」と思う反面、「でも私は特別な人間じゃないから無理かもしれない」というネガティブな気持ちに引っ張られそうになること、ときどきありますよね？「私は特別なスキルを持っていない」「私には特別な才能なんてない」……そんな思いに支配されそうになったときこそ思い出してください。

**あなたの存在自体がすでに特別である、ということを。**
**あなたの顔や体型やマインドは世界のどこを探してもあなたしか持っていないもの。**
**これまであなたがやってきたことや考えてきたことはあなたしか経験していないこと。**

だからあなたは、特別な人であることに間違いありません。

「私にしか私はなれない。だから、私は特別な人間なんだわ！」と気づいたら、前に進む勇気が湧いてくると思います。

## 021 顔は心を映す鏡なら、鏡を磨いて心を変える

メイクは〝外側〟からのアプローチで見た目を変えるもの。でも、メイクってじつは私たちの〝内側〟にも大きな影響を与えるパワーを持っているんです。

「やる気が出ない」「モチベーションが上がらない」というときは誰にでもあると思いますが、そんなときでも「まずはメイクをしてみよう」と鏡に向かって手を動かし

はじめると、不思議なことに自然とエンジンがかかります。

どんなメイクにする？

どんな髪のスタイリングにする？

どんな服のコーデにする？

そうやってメイクをきっかけにいろいろイメージしていると、いつのまにか頭のなかの「今日なりたい自分」でいっぱいになっています。やがてメイクが終わる頃には、鏡に映る自分の顔を眺めて「よしっ、素敵になった！」とすっかり気持ちが上がり、自信が持てるようになっていることに気づくはず。**メイクをして〝外側〟を整えたことで、やる気が出たりモチベーションが上がったりと〝内面〟が変わったのです。**

だからあなたもやる気を出したいときやモチベーションを上げたいときは、まずは鏡の前に座ってみて。メイクで鏡に映る顔を磨いたら、必ず心も輝きはじめるから！

## 022 「そんなことないです」「ぜんぜんです」をやめる

あなたは、誰かに褒められたとき「ありがとう」と素直に言えていますか？

じつは、よくあるんです。そばかすや唇の形が可愛いと思ったので、リスペクトの意味も込めて「素敵ですね」と言ったのに、「いえいえ、そんなことないですよ」と相手から全否定されてしまうことって。謙遜しているのかもしれないけれど、わざわざ自分の価値を自分で下げる必要ってあるのでしょうか。

自分で自分を否定することが口グセになってしまっているなら今すぐ変えましょう。「そんなことないです」「ぜんぜんです」「いえ、私なんて」より、**「わぁ、ありがとうございます」「うれしいです！」というリアクションのほうがずっと素敵でしょ？**

## 023 褒められたら「ありがとう」と応える

あなたに向けて放たれた褒め言葉に対し、「ありがとう」と言うことに抵抗を感じるなら、メイクやスキンケアをするたびに鏡のなかの自分にこんな言葉をかけてみてください。

「よしっ、今日も綺麗！」
「素敵だよ」

「私は美しい」

「私は価値のある女性」

**褒め言葉を言われて嬉しくない人は、本当はいないはず。**それなのに、素直に「ありがとう」が出てこないのは、照れているだけではなくて、自分に自信が持てないからでは？

だったら今の自分に自信を持たせるためにも、今日から鏡のなかの自分に向かってたくさんの褒め言葉をかけてあげましょう。誰かに褒めてもらえるのももちろん嬉しいけれど、**毎日何度も自分で自分を褒めてあげたら、もっと元気になれるし、もっと自分のことを好きになれるから。**

そうやって褒め言葉をかけられることに慣れてしまえば、やがてなんの抵抗もなく「ありがとう」と笑顔で返せるような自信を持てるようになりますよ。

## 024 「なりたいメイク」をあきらめない

私には双子の姉がいます。もうずっと昔のことですが、パーソナルカラーの勉強をはじめた頃、姉が選んだドレスを見て「この色より、あの色のほうが似合うと思うよ」とアドバイスをしたことがありました。

パーソナルカラーの仕事は、髪や瞳、肌の色などからその人に似合う色を提案すること。当時の私は、その専門的な知識だけで姉に似合う色をすすめたのだと思います。でも今になって、そのときのことを振り返ってみると、「今の私だったら、もう少し違ったコメントをしただろうな」と考える瞬間があります。

メイクの仕事をしていて気づいたのは、どんな人でも「似合うメイク」より「なりたいメイク」をするほうが、息を呑むほどハッピーな空気をまとうようになるという事実です。**「こんな私になりたかった!」が叶うメイクに仕上がったときの喜びやワクワク感が、女性を内側からキラキラさせるのでしょう。**

そんな経験をしてきたからこそ、今の私があなたに伝えたいのは「似合うメイク」にとらわれず、「なりたいメイク」を目指しましょう、ということ。「なりたいメイク」をすることが、何よりもあなたらしさ全開の美しさに導く唯一の方法だからです。

025

## メイクは予想以上に「メンタル」に効くと知っておく

自信がないとき、緊張するとき、落ち込んだとき……そんなふうに心が揺らぎそうになったとき、私はメイクやファッション、アクセサリーを思いっきりします。

繰り返しになりますが、**顔は心を映し出す鏡です。だからこそ、先に鏡のなかの私に自信を持たせてあげれば、そのあとから心の強さが備わってくるもの。**メイクはいつだって私たちの心を強くする武器なのです。

026

## メイクスキルを上げる「理論」を手に入れる

ここまで読んでいただいて、メイクの持っている魅力やパワー、自分の「顔のタイプ」を把握しておくことの大切さなどが少しずつでも伝わってきたでしょうか。

メイクのことを知ると、自分のメイクスキルもどんどん上がっていきます。その理由は、**メイクの狙いとその効果がわかるようになるからです。**

たとえば、メイクの上手な人を見たときに、「キリッとした顔立ちなのにふんわりして見えるのは、血色チークを下のほうに入れているからかも」「ピンクのアイシャドウを重ねても目が腫れぼったくならないのは、目の際にブラウンのラインを入れて引き締めているからじゃないかな」などというように、的確な分析ができるようになります。

すると、「そのテクニックを私の顔で試すとしたら、どんなふうにメイクをしていけばいいのかな」と考えるきっかけになり、メイクスキルの向上へとつながっていくのです。

ここで実際に、写真を見ながらメイクの狙いや効果を考えてみましょう。

**Q 次の4枚の写真は、「どんなメイク」を狙っていて、そのために「どこに工夫をしたメイク」をしていると思いますか？**

A

B

C

D

これら4つのメイクを見て「なぜ、かわいいと感じるのか?」「なぜ、カッコいいと思ったのか?」という理屈を突き詰めていった先には、必ずそうなるべき理論が存在しています。

ちなみに、感じ方は人それぞれ違っていて構いませんが、たとえばA〜Dのメイクには次のような特徴とテーマをつくりました。

A：ピンクチークを横幅を広めに顔全体に入れ、眉の色を淡いトーンに仕上げることでソフトな印象に。テーマは「みんなの憧れの上司との恋が叶った『あざと女子』」

B：直線的なラインを意識して眉とリップを描き。顔の「縦」のインパクト強めることでクールな印象に。テーマは「仕事ができる私をアピール『なりきりCEO』」

C：アイメイク25%、チーク25%、リップ25%というバランスのコントロールメイクでヌーディーな印象に。テーマは「女性のエンパワーメントをうたう『社会活動家』」

D：ジュワッと血色感のある目元とボリューム感のあるリップで、潤いあふれる大人セクシーな印象に。テーマは「雨のなかひたすら相手を待ち続ける『一途系女子』」

こんなふうに、毎日「今日はどんな私でいこう?」を決めると、もっと「私を楽しむ」メイクができるようになります。テーマは自分が納得できたらOKです。

B
A
D
C

CHAPTER

# Imperfect / I'm Perfect

完璧じゃないことが、完璧

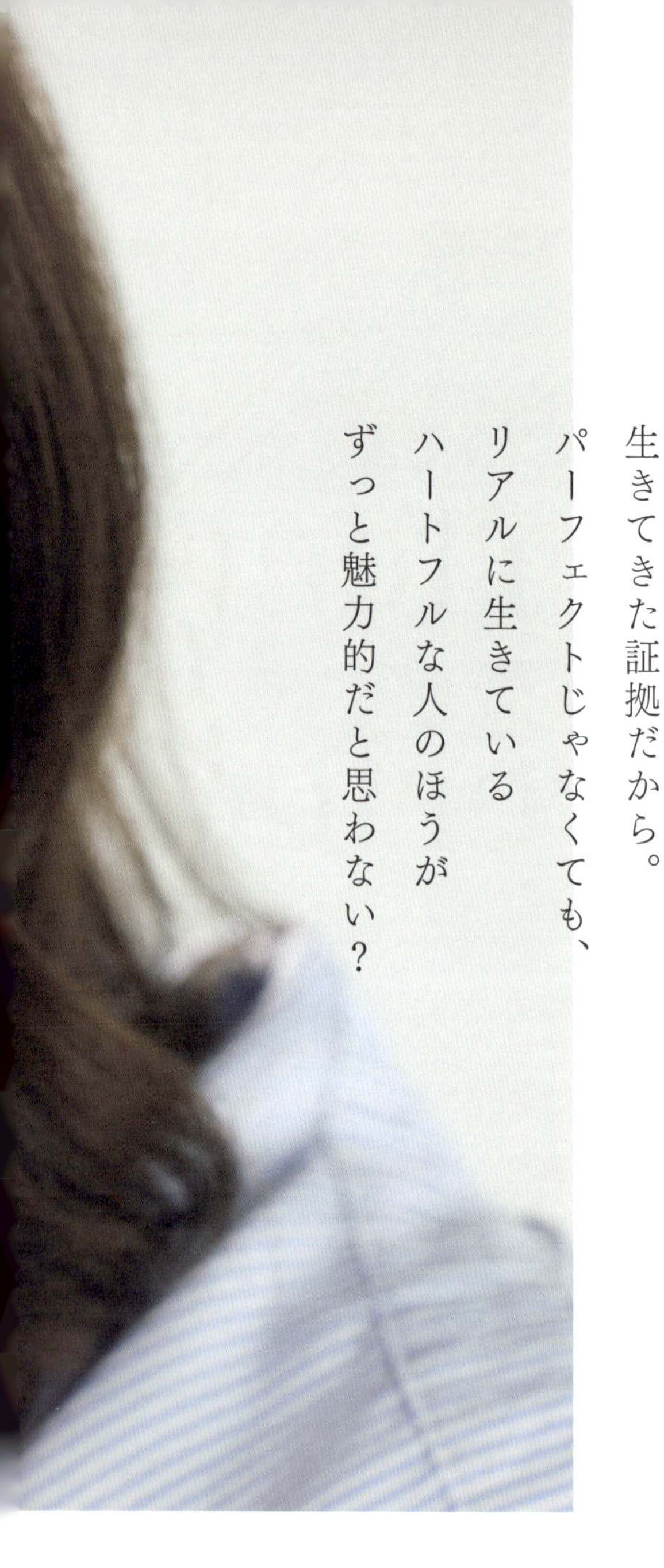

ひとつのシワもない
クールな能面美人より
笑いジワがたくさんある顔でいたい。
それはたくさん笑って
生きてきた証拠だから。
パーフェクトじゃなくても、
リアルに生きている
ハートフルな人のほうが
ずっと魅力的だと思わない？

CHAPTER 2 Imperfect / I'm Perfect _ 完璧じゃないことが、完璧

027

## 自分の「アラ探しのプロ」にならない

残念なことに、まだまだ自分の顔のアラ探しが得意な人は多いもの。異常に小顔の人をSNSで見つけたり、テレビCMで毛穴ひとつないツルツル肌の人がフューチャーされたりするたびに、自分の顔に足りないものを探してはため息をつく……。

そうやって、**誰かのつくった美の基準に自分の顔をあてはめようとすると、どんどんアラ探しが上手になっていく分、どんどん苦しくなっていくという悪循環が生まれます。**そもそも「アラ」なんて、誰にも存在していないんですけどね。

こうした風潮を加速させたのは、私も深く関わっている美容業界にも責任があると思っています。

たとえば、コスメ売り場のカウンターで「メイクのお悩みやお肌で気になるところはございませんか」と聞かれた経験はありませんか？　じつは〝お約束〟ともいえるこの質問が、アラ探しのプロを増殖させる原因なのです。**マイナスのほうに目を向けるような質問をされれば、誰でも「最近、シミやそばかすが気になって」などと答え**

**を探そうと、自分の顔のアラ探しをはじめてしまうからです。**

そんな反省を活かし、私は自身が主催するサロンやセミナーのメイクレッスンでは「お顔のなかで好きなところはどこですか？」と聞くようにしています。

もちろん、はじめは言葉に詰まってしばらく考え込んでしまう人がほとんど。ですが、少しずつでも自分の顔のチャーミングなところや気に入っているところを見つけて笑顔がこぼれるのを見ていると、私自身もうれしくなります。

さて、ここで質問です。

「あなたの顔のなかで好きなところはどこですか？」

## 028 弱みを「克服」するより、強みを「強化」する

私がメイクレッスンで、自分の顔の好きなところを聞くことにしたのは、子どもの頃に私自身が経験したことも影響しています。

私はインターナショナルスクールに通っていましたが、その学校は「苦手なことを克服させるより、得意なことに磨きをかけよう」という教育方針でした。たとえば、

テニスの授業でも、フォアハンドの攻撃を得意とする子なら、無理してバックハンドの特訓をしようとせず徹底的にフォアハンドで得点を取るプレイを指導する、という要領です。

もともと好きで得意なことだから、練習にも積極的で、結果も出しやすい。そうすると、もっと楽しくなってどんどん上達していく、という好循環が生まれます。

「苦手だな」「上手くいかないな」と感じていることに気持ちを奮い立たせて挑むのではなく、「好きだな」「上手くいった!」と前向きになれそうなことを強化すれば、それは武器になります。

**私のメイクの理論も同じで、自分の顔のなかで気に入っているところをより可愛く美しくメイクしていくことで自信を持てるようになっていきます。**見た目をブラッシュアップさせるだけじゃなく、心も強くしていくメイクって最高だと思いませんか?

## 029 完璧じゃない自分を受け容れる

自分の顔のなかで好きなところをすっと口に出して言えない理由は、美容のプロたちがもたらした悪しき慣習のせいだけではありません。たとえば、自分の顔にどれほど魅力があるのかを、あなた自身が信じようとしていない場合もそう。**でもそれって、悲しいことですよね。せっかく素敵なところがたくさんあるのに、毎日いちばん近くで見ている自分の顔を、自分自身が認めてあげることができないなんて！**

もちろん、コンプレックスに感じていることがあるのはみんな一緒。でも、そこにばかり気をとられて「どうして私の鼻はこんなに丸いんだろう」「くすみやクマが一段とひどくなった気がする」などと鏡を見るたびグレーな気持ちになるくらいなら、その時間とエネルギーのベクトルをメイクするほうに向けてみてほしいな、と思います。

「鼻にハイライトを入れてみたらシュッとした！」「目の下にコンシーラーをつけたら肌色のムラがなくなった！」というように、メイクの力を借りてもっと自分の顔を好きになっちゃいましょう。

**コンプレックスは落ち込むためではなく、分析してもっと自分の顔を好きになるためにあるもの。**私はそんなふうに思っています。

030

## あって当然の「コンプレックス」に光を当てすぎない

もちろん、私も以前は自分の顔に対してネガティブな感情を持っていた時期がありました。

私の父はイギリス人で、母はシアトル生まれのカナダ育ちです。私自身は日本で生まれて日本で育っていますが、まわりから見れば「ほぼ外国人」。メイクに興味を持つようになってからは「私は私。この顔で生きていくわ！」と自分の顔を受け入れるようになりましたが、それまではずっと「アジアンビューティーって、カッコいいな」と日本人っぽい顔に憧れ続けていました。

ただ、私のそんな思いとは裏腹に、まわりには「うらやましい」と私の顔立ちを褒めてくれる友人もいたのも事実。ちょうどその頃、ハーフ顔のモデルやタレントがトレンドになっていたことも後押ししていたのかもしれません。

**そこで気づいたのは、そのときに〝いい〟とされる顔立ちは、テレビや雑誌などメディアによってあっけなく移り変わっていくものなんだな、ということでした。**

今もメイクレッスンをしているときに、生徒さん同士の「私、唇が薄くてリップが映えないんです。いいですね、セクシーな唇で」「本当ですか？　でも私は逆に口が大きくて唇も厚いから、上品に見える小さめの口がうらやましいと思っていました」という会話が聞こえてくるときがあります。

**お互いに、自分がコンプレックスと思っていたことが、じつは相手からはチャーミングに見えていた、ということは本当によくあることなのです。**

これまで見慣れてきた自分の顔も、いろいろ角度を変えて見直してみると「思っていたほど悪くないかも」と思う瞬間が必ずあります。コンプレックスだと思い込んでいた自分の顔を、自分自身で見直すことができたら、それは何よりも大きな自信につながります。

## 031 「私専属」のメイクアップアーティストを目指す

「誰もスーパーモデルを目指しているわけではない。だから、私は私で大丈夫！」

これは、メイクだけじゃなく、スタイリングについても私がいつも思っていることです。鏡を見て自分の体型が気になるときは、ワンピースにベルトを1本プラスしてメリハリをつけたり、帽子を被って目線を体より上のほうに集めたりしてスタイリングに少し工夫をするだけで、鏡に映る自分を見たときに「うん、素敵になった！」とうれしくなります。

**「痩せなければキレイじゃない」と思い込んで苦しくなるより、自分の今の体をより楽しむためのスタイリングに挑戦してみる。**メイクもスタイリングも、今の自分をとことん活かせるような「自分専属のプロ」になっちゃいましょう。

## 032 メイクのバランスは「トータル100%」で考える

ここまで読んでみて、せっかくなら「もっとメイクを楽しみたい」という気持ちが高まってきましたか？　もしも、「派手すぎないか心配」「どこまで華やかにしていいかわからない」という不安がブロックになってなかなか一歩を踏み出せないなら、おすすめの簡単なメイク理論があります。

**「顔全体で100%になるようにメイクをする」という考え方です。**

たとえば、「今日はアイメイクにポイントを置いたメイクをしよう」と思って、オレンジやイエロー、ラメのアイシャドウを使い、アイラインもしっかり引いた華やかなアイメイクをしたとします。

その場合、顔全体で100％のうち、すでにアイメイクで50％を超えてしまっていると考えましょう。あとは残りの50％で、チークやリップといった色を入れたいパーツのメイクのバランスを考えて引き算していきます。**「チークにもオレンジを入れたいから、リップはヌーディーなカラーにして色味を抑えよう」というように。**「顔全体で100％」になるように、バランスを意識しながら鏡に向かってメイクをしていくと、盛り過ぎてガチャガチャしたメイクになることもなければ、遠慮しすぎてノーメイクと間違われることもなく〝ちょうどいい顔〟になります。

ちなみに、もともと眉毛の濃い人や唇の色が濃い人はそこを差し引いて、「顔全体で90％」「顔全体で80％」くらいに考えてバランスを調整するのもいいと思います。

033

# 「Being」を嘆くより「Doing」で結果を変える

私には心がけていることがいくつかあります。

そのひとつは、「正直であること」です。

たとえばメイクレッスンのとき、「頬のシミが気になっています」と言われた場合、私は「シミなんて全然ないですよ」とは言いません。なぜならシミがあるのも、本人が気にしているのも事実だからです。

ただ、そのことを「だからダメなんだ」とは思わないでほしいのです。**「シミがあるからメイクをしても映えない」のではなく、「たしかにシミはある。でも、メイクで映える方法はある」のです。**

シミがあることやそれを気にする気持ちを否定するのではなく、「じゃあ、シミが気にならなくなるようなメイクをしましょう」とコンシーラーを手に持って、ポンポンとシミの上から馴染ませて肌色のムラをなくしていくことをするのが私の仕事。シミのある顔を丸ごと好きになれるようなお手伝いをしていきます。

ところで、「Being」と「Doing」という言葉を聞いたことがありますか？

簡単にいえば、Beingとは「状態」、Doingとは「行動」のことを指します。Beingは変えられないことで、Doingはいくらでも変えていくことができること、ともいえます。

ここでいえば**「シミがある」というBeingは変えることはできなくても、「コンシーラーを使ってメイクする」というDoingによって結果を変えることはできるんです。**

シミだけではありません。目や唇の大きさや眉毛の生え方、鼻の形だって、そこにあるBeingの状態から、メイクするDoingによって自由に変えていくことは可能です。

今ある状態に対して正直であること、否定することもなく、ただ行動をするだけで思いどおりの顔に近づける――それがメイクというDoingの持っているパワーの凄さです。

## 034 「言うこと」と「やること」を矛盾させない

「言うこととやることを矛盾させない」も私の大切にしていることです。

ときどき見かけませんか？　マナー講師を名乗っているのに、場の空気も読まずに人を罵倒する人。職場の人間関係のことを説く仕事をしているのに、スタッフとのコミュニケーションが雑すぎる人。

もちろん、私も完璧な人間ではないので、つねに相手に完璧を求めるわけではありません。ですが、**その道のプロとして働いているなら、せめて自分の専門分野だけは言うこととやることを矛盾させずにいよう、と思っています。**プロに対する信頼感を大切にしてほしいからです。

以前、私が働いていた職場で、電話口ではお客様に対してとても丁寧な口調で対応している先輩がいました。ところが、その先輩ときたら陰ではお客様への不満を言いたい放題。そんな実情を知っている私たちからは、その先輩へのリスペクトの気持ちがどんどん失われていったものです。そして、「この人、本当に信頼していいのかしら？」とも。

私がメイクに向き合う姿勢に正直でいようと思うのもそんな経験があったからです。

たとえば、**私がアートメイクもマツエクもしないのは、メイクレッスンに来てくだ**

**さるみなさんのお手本でいたいから。**自分の今の顔とメイクの力だけで、外側も内側も明るく洗練されていくことを信じてほしいからなんです。もしも、「マスカラをつけただけで、こんなにまつ毛がフサフサに見えますよ」とメイクのプロに言われても、マツエクをしているのであればそこに説得力はありませんよね。

**たとえ完璧じゃなくても正直でいたい。これが私のメイクへの向き合い方です。**

035

## メイク効果を高める「うなはだけつと」を意識する

メイクがよく映える7つの肌の条件を知っていますか？「うなはだけつと」は、その7つの条件の頭文字を並べたものです。

**う……潤い**
**け……血色**
**な……なめらかさ**
**つ……ツヤ**
**は……ハリ**
**と……透明感**
**だ……弾力**

この7つの条件を満たすようなスキンケアを続けることが、狙ったメイクの効果を引き出せるコツです。反対に、肌にダメージを与える「しかし」を、完璧に避けることは難しいですが、理解はしておきましょう。

**し……紫外線　か……乾燥　し……刺激（摩擦や外気の汚れ、皮脂など）**

なかでも、とくに気をつけてほしいのは「刺激」です。摩擦や外気の汚れ、皮脂も肌にとっては刺激ですので、私は必ず洗顔からスタートするようにしています。

## 036 「コンシーラー」は隠すだけの道具じゃないと心得る

「コンシーラー＝隠すためだけのもの」と思い込んでいるなら、今日からコンシーラーの使い方をアップデートさせましょう。

そもそもコンシーラーには、「カバー効果」と「ハイライト効果」という役割があります。**クマやシミ、赤みなどの色ムラを、コンシーラーを使って補正することによって、本来の肌に戻すのがカバー効果。一方で、光を利用して顔を立体的に見せるのがハイライト効果です。**

肌ムラを隠そうとして同じ色のコンシーラーを顔に広く厚く塗り込むと、のっぺりした平面的な顔になってしまいます。ですが、私たちの顔はもともと立体なので、その立体感を活かしたほうがベースメイクはナチュラルに仕上がります。

## 037 コンシーラーは「色」と「質感」で選ぶ

たくさんあって、どれを選べばいいか迷うコンシーラー。私のコンシーラー選びのポイントは2つ。**「色」と「質感(テクスチャー)」です。**

コンシーラーの色選びは意外と難しいもの。よく「クマにはオレンジ色のコンシーラーを使いましょう」といわれていますが、じつはすべての人にあてはまるとは限りません。なぜなら、クマやシミには個人差があるからです。濃さや大きさが人によって異なるため、単色だけで顔全体に点在するクマやシミ、小鼻の脇の赤みなどを補正しきれる人はほんのひと握りなのです。

そこで必要になるのが、**「色補正用（カバー）」と「ハイライト用」のコンシーラーです。**コンシーラーを使って色ムラの気になる部分を補正しつつ、ハイライト効果を狙って立体感を出していきます。

**「色補正用」と「ハイライト用」のコンシーラーがあると、自分のクマやシミに合わせて色をつくり出すことができるようになります。**

繰り返しになりますが、同じ顔のなかでもクマやシミの濃さや赤みの現れ方は違います。「色補正用」と「ハイライト用」のコンシーラーを指先にとって、「ここにはこの色が合いそう」というように、色味を調整しながらそれぞれのクマやシミにのせていきましょう。

コンシーラーの質感にも注目です。一般的には質感が固めのものはカバー力が高く、やわらかめのものは薄づきでナチュラルに仕上がるといわれています。もともと、乾燥肌タイプの人や目元の乾燥が気になる世代の人にとっては、コンシーラーを肌にのせておく時間が長くなるほど崩れやすく、パリパリにヒビが入ってしまうという悩みを持つ人は少なくありません。

ちなみに、美容成分が配合されているコンシーラーなら保湿効果が期待できるので、乾燥を気にせず使うことができます。自分の肌に合った色と質感のコンシーラーを選びましょう。

038

## コンシーラーを「メイン使い」として使う

コンシーラーの実力は絶大です。「シミが消えると、肌がなめらかに見えてツヤ感が増す」「くすみや赤みがなくなると、顔に立体感と透明感が生まれる」「目の下のクマが補正できると、瞳に輝きが宿る」というように、コンシーラーが果たす役割はメイクの仕上がりにプラスしか与えません。

**私自身、コンシーラーの多様性と万能感を実感してからは、ポイント使いのアイテムというよりメイン使いのアイテムとなっています。**

たとえば、ファンデーションを使わずにコンシーラーだけでベースメイクを終わらせる日もよくあります。

とくに時間に余裕がないときは、コンシーラーを両手の薬指に取ってすり合わせて自分の肌に合った色で目の下のクマの上に圧をかけながらのせてなじませます。指先に余ったコンシーラーは鼻の脇など赤みの気になる部分にポンポンと。さらに余っていれば、顔の内側から外側に向かってなじませるように薄く広げれば、ファンデーションを塗らなくてもベースメイクが完成します。

ほかにも、コンシーラーの使い方はいろいろあります。鼻先やあご先に淡い色をのせてハイライトとして仕込むこともあれば、ヌーディなリップをつくるときに唇の上に置いて色味を抑えるために使うこともあります。発色を際立たせるためにコンシーラーをアイメイクの前にしっかりと目のまわりになじませておくことも。

**指先を使って直接肌にのせるパターンと、ブラシを使って細かく丁寧に仕上げるパターンを、その日の肌のコンディションやスケジュールに合わせて使い分けています。**

コンシーラーで仕込んだ肌をパウダーで仕上げれば〝素肌のようにナチュラル〟になるので、試してみてくださいね。

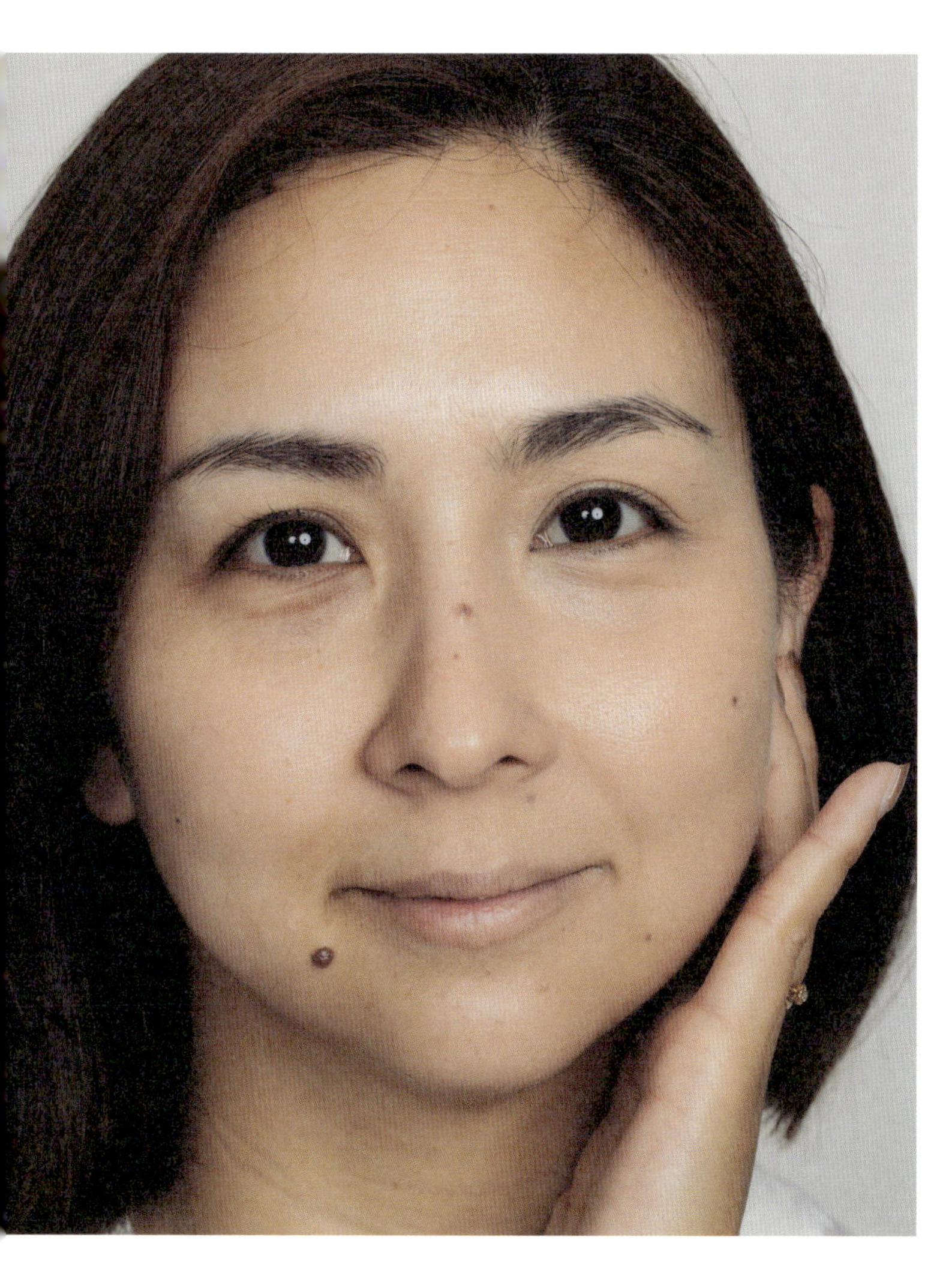

向かって顔の右半分（目元、口角、小鼻のまわり）にコンシーラーを仕込んでいます。
半顔ずつ手で隠して、頬や口角の位置、目力などの変化を感じてみてください。

## 039 メイク時間は自分を好きになるトレーニングと心得る

メイクを知ることは、自分への自信のつけ方を知ることです。

もちろん、スキルを磨くことは大前提にあります。ですが、メイクのスキルをマスターしていくうちに、自然と自分の顔に自信が持てるようになっていきます。

眉を思いどおりに描けるようになれば「よし、眉OK!」、アイシャドウがキレイに見えるグラデーションを入れられれば「よし、目元OK!」と、自分の顔のパーツに次々とOKを出せるようになるからです。

**「自分の顔に自信が持てない」という人は、まずはメイクをがんばってみる。次に、メイク後の自分の顔に見慣れる。**この2ステップを繰り返すことで、どんどん自信が持てるようになります。

このプロセスで気をつけたいのは、顔加工アプリは一切使わないことです。**アプリを使っていい感じにチューニングした顔が自分の基本の顔になってしまうのは悪循環。**どれだけメイクのスキルが上がっても、鏡のなかの自分の顔が思いどおりになっていなければ自信がつくどころか、「なぜアプリの顔にならないの?」とむしろ焦ってしまうばかりでしょう。

私もアプリは使いませんし、私のメイクレッスンの撮影タイムでも「アプリは使わなくていいですよ」と呼びかけています。加工した顔より、ありのままの顔にメイクをした顔にOKを出すことに慣れてください。

さあ、今日から顔加工アプリを外しましょう!

040

## ネガティブパーツをポジティブパーツに変換する

そもそも、アプリ加工していない自分の顔写真を見たくないということは、自分の顔のどこかにネガティブに感じている部分があるはず。

「顔加工アプリなしでは写真を撮りたくない」という気持ちを変えたいなら、今こそ次ページに用意したマインドセットのワークにチャレンジして、まずはそれを書き出してみましょう。

**Q 顔加工アプリを使うなら、自分の顔のどこの部分をどうしたいですか？いくつでも書いてみましょう。**

（例：「顔や輪郭を小さくしたい」「鼻を高くしたい」「目を大きくしたい」）

**Q 次に、今書き出したことを、ポジティブに書き換えてみましょう。**

（例：「知的でクールな印象の目」「愛らしさとやわらかさと感じさせる鼻」「シャープでエレガントな輪郭」「自信と存在感のあふれる顔立ち」）

ポジティブに言い換えるのが難しい場合、**自分のことではなく、あなたの親しい女友達の悩みとしてとらえてみてください。**目が小さいことで悩んでいる相手に、あなたはどんな優しい言葉をかけますか？　鼻が丸いことを気にしている相手に、あなたはどんなふうにフォローしますか？

他人に対してできるなら、自分にだってできるはず。そうやって、優しい言葉を他人ではなく自分にかけてあげてください。これが「顔加工アプリなしでも大丈夫」と思えるようになるためのトレーニングです。

041

## 汗ばむ日はいっそ「濡れ感メイク」を楽しむ

ちょっと移動するだけで汗をかく季節。せっかくメイクをしても、外に出たら3分もたたないうちに崩れはじめる……という経験はありませんか？　そんな日は、いっそ朝から「濡れ感メイク」をするのもおすすめです。

**濡れ感メイクの最大のポイントはツヤを感じさせることです。**保湿性の高いコンシーラーでベースを整えたら、しっとりしたテクスチャーのハイライトでツヤをプラス。粗めのラメも目の下にポイント使いしてキラキラ感もまとっていきます。

顔全体の色は、眉、アイシャドウ、チークやリップもすべて暖色系でまとめると夏っぽさがアップ。太陽に愛された肌を演出するなら、自分の肌の色よりワントーン濃い色のシェーディングアイテムを額と頬の左右にさっと入れてみる。

計算づくの濡れ感メイクで、光を味方につけたヘルシーな夏顔を楽しみましょう。

042

# 「ツヤ」と「テカリ」の違いを知る

ツヤとテカリは似ていますが別物です。

ツヤは滑らかで輝いた肌のイメージですが、テカリには清潔感が欠けている印象がありませんか？　では、ツヤとテカリの違いはどこにあるのでしょうか。

正解は「光っているパーツ」です。凹凸のある立体的なものに光を当てたときにどうなるかを想像してください。高く出っ張っているところが光って、低くくぼんでいるところには影ができますよね。それが、自然な光の当たり方であって、そのものを立体的に見せている理由です。

これを顔にあてはめてみると、ツヤとテカリの違いがわかると思います。**ツヤは鼻や頬など顔の高い部分だけ光っていて、テカリは顔全体が光っています。**つまり、光るべきところだけ光っているのがツヤで、光らなくていいところまで光っているのがテカリなのです。

テカリによって影の部分まで光っていると、全体がテラテラとして清潔感が損なわれるだけでなく、顔が平面的に見えてしまいます。これを防ぐには、鼻の脇や目の下、鼻の下など顔のなかでも低くくぼんでいる部分を、パウダーとパフでおさえて油分をしっかりおさえてあげる必要があります。

顔の高い部分だけ光らせることがツヤ肌をつくり、顔を立体的に見せるコツ、ということになります。

## 043 鼻の脇や目の下、鼻の下の「テカリ」は極力おさえる

朝、家を出る前はメイクも決まっていたけれど、時間が経つにつれてメイクの崩れが気になったり、顔がのっぺりして見えたりすることってありますよね。

そんなときはすかさずテカリをオフ。**鼻の脇や目の下、鼻の下など顔のなかでも低くくぼんでいる部分をティッシュオフしたあと、パウダーとパフでおさえてみてください。**パウダーとパフがない場合は、小さく折りたたんだティッシュだけでOKです。

テカリをおさえると、顔のなかに光っている部分と光っていない部分ができるので顔のメリハリがよみがえります。光のメリハリ効果で顔が引き上がって見えるので、

試してみてください。

## 044 年代で感じた壁は、成長するチャンスと捉える

「20代ではすっぴんでいられたのに、30代になってノーメイクでは人前に出られなくなった」

「30代ではアイメイクが好きだったのに、40代になって自分のアイメイクを古臭く感じるようになった」

「40代ではファンデーションだけ十分だったのに、50代になって肌の色ムラやくすみが隠せなくなった」

こんなふうに、いくつになってもそれぞれの世代で「年代の壁」はあるもの。でも、必要以上に悩んだり落ち込んだりしなくて大丈夫。**なぜならそれは、やっと自分に関心を持ってあげられたサインだから。壁と感じたことは、そのときあなたがチャレンジすべき目標だと思ってください。**

30代になって「ノーメイクの壁」を感じたなら、メイクを一から学ぶチャンス。40

代で「アイメイクの壁」を感じたなら、バージョンアップしたアイメイクを身につけるチャンス。50代で「ファンデの壁」を感じたら、コンシーラーを使ってベースメイクのやり方を見直すチャンス。

年代の壁はチャレンジの壁。自分に向き合う素敵な時間にしましょう。

## 045 他人軸で生きる「媚びスタグラマー」にならない

いつだって、誰にも媚びない女性でいたい。それはインスタグラムをやっていても同じこと。誰かにへつらうことなく、自分の価値を下げることなく、ただまっすぐに伝えたいことを必要な人たちだけに届けたいと思っています。

「I my me mine.」――私、わたし、ワタシ。

どんな私も、私は私。ほかの誰とも違う、唯一無二の存在です。だから誰かの思惑なんて気にせず、自分の思いどおりの人生を目いっぱい楽しんでいきたい。

だからあなたも、くれぐれも他人の目を気にするだけの「媚びスタグラマー」にはならないで!

046

# 明日のメイクのために、今日のスキンケアに心を込める

私の夜のスキンケアは「クレンジング↓洗顔↓導入美容液↓化粧水↓乳液（クリーム）」という流れのなかで、そのとき必要なケアをプラスしていくスタイルです。「洗浄」と「保湿」はスキンケアの基本。まずは、その日に付着した肌への汚れは、その日のうちに落とすようにします。

具体的には、ミルククレンジングを手に取って、なるべく肌に摩擦を与えないように指先を滑らせながらくるくるとメイクをなじませます。その後、使い捨てのフェイシャルタオルを使って、メイクと肌の汚れ、余分な皮脂と角質を優しく拭き取ります。**布のタオルではなく使い捨てのフェイシャルタオルを選んでいるのは、雑菌の繁殖を防げるという衛生面の理由から。**吸水性の高さや、肌への刺激の少なさも魅力です。洗顔は朝と同様、たっぷり泡立てた洗顔料で丁寧に洗い流します。

朝から外にいて紫外線を浴びてしまった日や、翌日にハードな予定を控えている日の夜は、シートマスクを活用していつもより丁寧に保湿をします。食べ過ぎたり、む

くみが気になったりした日の夜も肌をリセットするイメージで保湿はしっかりと。**「朝は慌ただしくてスキンケアも雑になりがち」という人は、その分夜のスキンケアに時間をかけてあげましょう。**夜にていねいに洗浄し、たっぷり保湿した肌で、翌朝のメイクのノリが変わることを実感してください。

## 047 自信がないからこそ自信がある「フリ」をする

「自分に自信がないんです」という人に対して、私はいつも「自信があるフリを本気でしてみてください」とすすめるようにしています。

**はじめから自分に自信がある人なんていません。**

自信があるフリをするために必要なのは、たったの2ステップです。

まずは、メイクをして「これなら大丈夫！」と思える顔をつくってみてください。

次に、メイクした鏡のなかの自分に向かって「私は自信があります！」と大きな声で宣言しましょう。声に出して自分自身に誓いを立てると、自然と自信がある人の振舞い方に変わってくるから不思議です。

**自信があるフリを続けていると、いつか必ず本当に自信がついてきます。**そう断言できる理由は、これが私の実体験から学んだことだからです。

048

## メイクが人をキレイにするわけじゃないと知る

メイクをするからキレイになるのではありません。**メイクをして自信をつけたことがあなたをキレイにさせるのです。**だから、「Fake it until you make it.」――自信を持てるまでは、自信を持っているフリをしよう！ そのためのメイクです。

049

## 完璧じゃなくても自分の価値は下がらないと気づく

高校生のとき、テストでひどい点数を取ってしまったことがありました。落ち込む私に先生がかけてくれた言葉は今でも覚えています。
「たまたまテストの点が悪かったからといって、人としての価値が下がるわけじゃないよ」と。

先生からのこの言葉に救われて、次のテストでがんばれたし、その後の人生で落ち込むことがあるたびに「大丈夫。人としての価値が下がるわけじゃないわ」と気持ちを立て直すことができていると思っています。

自分の苦手なことや、やらかしてしまったこと。やろうと思っているのに、まだできていないことなどがあると、「私ってダメだな」と心が沈みませんか？

そう感じること自体は、決して悪いことやムダなことではないとは思います。でも、何か完璧じゃないことがあったからといって、自分の価値を自分で下げないでほしいんです。

「Imperfect / I'm perfect. Imperfect」という英文は「完璧じゃない」いう意味ですが、そこに「'」を加えただけで、「I'm perfect. ――私は完璧です」になるって知っていましたか？　つまり、完璧じゃないことが、完璧な私であるということ。

だから、何があってもそれも含めて、あなたはあなた。あなたの価値が揺らぐことは決してないのです。

050

## 自分の顔を分析する――セルフイメージチャレンジ

私のメイクレッスンでは、**その人の顔の細かい部分についての分析はしますが、それについてのジャッジメントはしません。**

つまり、「まぶたは奥二重ですね」「唇は薄めですね」といった「ここはこうだ」ということは言っても、「ちょっと残念ですね」というように私の主観で「だからどうだ」ということは言わないし思いもしない、ということです。

ただ、メイクをするにあたって正確な分析は必要です。分析した結果をもとに、なりたい自分に近づくための効果的なメイクをしていくからです。

自分の顔の分析は自分でもできますし、思いどおりのメイクをしたいなら必ずやってみてほしいことでもあります。鏡に映る自分の顔をよく観察しながら、自分の顔の自己紹介をするつもりで、できるだけ細かく書き出してみましょう。

**❶あなたの顔は、どんな特徴がありますか？**

例：顔の上のほうに重心があるタイプ、面長、そばかすがある、額が狭いなど

**❷あなたの眉は、どんな特徴がありますか？**

例：丸いアーチ型、全体的に濃い、眉頭が離れているなど

**❸あなたの目は、どんな特徴がありますか？**

例：切れ長の一重、下まつ毛が長い、目と目が離れているなど

**❹あなたの鼻は、どんな特徴がありますか？**

例：大きめの団子鼻、鼻先は少し上を向いている、毛穴が目立つなど

**❺あなたの口や唇は、どんな特徴がありますか？**

例：やや小さめ目の口、下唇が厚い、口角が上がっている、唇の色が濃いなど

繰り返しになりますが、「いい・悪い」「かわいい・かわいくない」ではなく、あくまでもシンプルに自分の顔の特徴を知るということが重要なワークです。

自分の顔の自己紹介ができるようになると、メイクの腕は格段に上がります。自分の顔の素材を活かせるようになれば、メイクはもっと楽しくなります。

# CHAPTER 3

# My Ambition

## キレイになる欲を持とう

「もっと可愛くなりたい」

「もっと違う自分に出会いたい」

「もっと愛されたい」

そんな「もっと」が
キレイをつくる材料だって知ってる？

だから、もっと欲を抱いて、
もっと貪欲に生きよう。

私たちは可能性にあふれているのだから。

051

# センス＝「理論×探求心×練習」と知る

「センスのいい人」って、あなたのまわりにもいませんか？　自然体なのに、なぜか垢抜けて見える人。トレンドを追いかけているわけではないのに、なぜかいつも今っぽさを感じる人。その人を底支えしているのは、センス以外の何物でもありません。

ところで、センスの正体って、どういうものだと思いますか？

私が考えるセンスとは、「理論×探求心×練習」。**基礎となる理論を知ったうえで、「じゃあ、こうしたらどうなるかな？」という挑戦を楽しむ探求心があって、それが自分のものになるまで練習をして腕を磨き続ける。**この3つの要素がすべて揃ったときに、その人のセンスは生まれるものだと思うのです。

理論、探求心、練習のうち、どれかひとつが欠けていても「センスのいい人」にはなれません。ですが、センスは生まれつき持っているものでもありません。だから大丈夫。今からでも十分、あなたも「センスのいい人」になる可能性を秘めているのです。

052

# つねに「こうしたらどうなる?」と考える

センス=理論×探求心×練習。もちろんこれは、メイクについても当てはまります。私のメイクの大半は感覚ではなく理論に裏打ちされています。「上のほうに重心があるタイプの大人っぽい顔だから、チークを入れて目線を下に集めて可愛さを出そう」「シャープな顔をつくりたいから、眉は丸みのあるアーチ型ではなく角を描いて直線型に仕上げよう」というように、1本の線を描くのにもロジックがあります。

理論、探求心、練習というセンスをつくる要素のうち、私はもっとも大切にしたいのは「探求心」です。**「こうしたらどうなるかな?」とワクワクする気持ちは、誰かが何かをしてくれるのを待つのではなく、自分の内側からあふれ出てくるもの。**心の奥底から動くものや、ときめくものをたくさん集めて、センスを育てていくことになります。

**探求心を磨くためには、とにかく臆さないこと。「これをやったら笑われる」「こんなことしていいの?」という思いは一切不要。答えがないのがメイクの楽しさです。**

私がコンシーラーをハイライトとして使っているのも、リップをチークとして頬にポンポン置いているのも、みんな探求心から生まれたことです。

「My Ambition」——自分のやりたいことにもっと貪欲に、もっと素直にしたがって、どんどんセンスを磨いていきましょう。

## 053 メイクは場数。とにかくやってみる

はじめに断っておきますが、どんなに手先が器用な人でも、たった1回でメイクを上手にできることはありません。**メイクは場数。たくさん鏡に向き合った分だけ、思いどおりのメイクができるようになります。**

私は5歳から今もずっと空手を習っていて、全国大会や世界大会で優勝した経験もあります。そんな私が思うのは、「メイクもアスリートも練習って大事なんだな」ということ。何度も練習を繰り返してはじめて満足のいく結果が出せるようになると思っています。

先ほど「私のメイクには理論がある」とお伝えしましたが、それもたくさんの学び

や経験、練習から自分なりの理論にたどり着いたものです。自分の「なりたい顔」やテクニックのトレンドも移り変わるし、メイクのアイテムだって新しいものが次々と登場します。それらをアップデートしていくためには練習が欠かせません。

自分を追い込むほどのストイックさは必要ありませんが、どんなに環境が変わっても揺らぐことなく自分らしいメイクをしていられるためには、練習あるのみ。とにかくやってみましょう!

## 054 「情報収集」も大事な練習だと心得る

「なかなかメイクが上手くならない」という人は、メイクのプロや上手な人のやり方を研究するのもアリ。情報収集もメイクの練習のひとつです。

これもアスリートの世界の話ですが、体力や生まれつきの運動神経のよさだけでは試合に勝つことができません。**では何が必要かというと、それは「知識」なんです。**自分がどれだけそのことを学んだか。身につけた知識も勝利をつかむための大切な要素になります。

今はメイクの動画もたくさん配信されている時代。「鼻がシュッとして見えるのは、ここにシェイディングを入れているからなのね」「鼻の下に薄く影をつけると、顔が間延びしないのね」というように、自分の顔に取り入れたい情報をどんどん収集していきましょう。

## 055 とにもかくにも「メイクブラシ」の凄さに触れる

「メイクが上手くいかないと思っている人は、ブラシを使ってみてください」

これは私がインスタライブのときにするアドバイスのひとつです。実際、アイシャドウをのせる、眉を描くといったいつもと同じ手順のことでも、メイクブラシを使うと仕上がりに大きな差が出ます。これはプロの私たちでも一緒。1回のメイクに何本ものメイクブラシを使うことも珍しくありません。

メイクブラシを使うとメイクが上手くなる理由は次の3つです。

**ひとつは、「欲しい質感に仕上げられる」という点です。** メイクブラシを使うと、肌の細かい部分までコンシーラーやファンデーションなどを薄く、均一にのせることが

できるので、顔全体にふんわりと自然なやわらかさや、ツヤっぽい質感を出せたりします。

**「グラデーションをつくりやすい」のもメイクブラシを使うメリットです。**メイクブラシを使うと、肌の上で自然にぼかすことが簡単にできるようになります。アイシャドウの色味を調整していくのもメイクブラシの得意とするところ。まぶたのような面積の小さなゾーンでもキレイにグラデーションをつくることができます。

**「メイクが崩れにくい」という点も、メイクブラシをおすすめする理由です。**メイクブラシの細かい毛先は肌の小さい凹凸にしっかり入り込むため、ベースメイクやその上からのせる色もののアイテムまで肌にしっかりフィットします。肌への密着度が高まる分だけメイクは崩れにくくなるので、つくりたての顔を長時間キープすることも可能です。

**「ブラシを使いはじめてから、メイクをするのが楽しくなった」という人が多いのは、メイクブラシによる仕上がりのクオリティが格段に上がるのを実感できるから。**まだ使ったことがない人はメイクブラシを手にしてみてください。きっとメイクした自分の顔に驚きますよ。

056

## メイクブラシの「効果」を肌で感じる

私たちメイクのプロがたくさんの種類のメイクブラシを持つ理由には、発色にバリエーションを持たせることができるから、ということもあります。

たとえば、同じ色のチークでも使うメイクブラシを変えると、肌への発色が変わります。大きなメイクブラシでふんわりと頬に薄く、小さなメイクブラシでアイシャドウ代わりにのせて、色の濃淡を楽しむこともあります。

メイクブラシは、持つ場所によっても発色が変わります。**メイクブラシを短く持つと肌への発色は強く出て、反対に発色がほんのりほしいときは、メイクブラシを長く持って軽くトントンと色をのせていくようにします。**肌にかかる「圧」をコントロールするイメージです。

メイクブラシの種類を変えたり、持ち方を変えたりするだけでメイクの仕上がりが変わるなんて、楽しいと思いませんか？

## 057

# メイクブラシをケチらない

メイクの楽しさを伝えられるいちばんのアイテムはメイクブラシ。私はそう思っています。

ベースメイクもチークもリップもアイシャドウも眉も、すべてのパーツのキレイを叶えられるアイテムがメイクブラシです。

ところで、メイクブラシを買おうと思ったとき、たくさんあるなかから「どれを選べばいいか迷ってしまう」という場合、**私がおすすめするのは「1本ではなく、いろいろな種類を使い分ける」という方法です。**

いろいろなメイクブラシを持っていると、さまざまなパーツのメイクをする際に、「ここはこのブラシのほうがよさそう」「ここにはこのブラシを使ってみよう」とあれこれ試せるほうが、楽しみながらメイクの腕を上げることができます。

今までチーク用にメイクブラシを使っていた人も、大きなメイクブラシを使ってみると「こっちのほうがふんわり色づく」と発見することもあります。「私のまぶたの幅にはこのブラシのサイズと角度のほうが合うみたい」といろいろ使ってはじめて気がつくこともあるでしょう。

メイクブラシにも「このブラシはここに使わないとダメ」というルールはありません。自分で選び、自由に使って、その日の「なりたい顔」に近づけていきましょう。

## 058
## 印象を変えたいなら、まず眉のメイクを変える

「眉毛を上手く描けない」という声をよく聞きます。眉は私たちの顔の喜怒哀楽を表すとてもデリケートなパーツ。「驚いている」「困っている」といった表情も、じつは目や口よりも眉が上がったり下がったりしているせいです。そのくらい、眉はその人の顔の印象を決める大事な部分でもあります。

逆にいえば、眉のメイクをいつもと変えるだけで、簡単に印象を変えることができます。いつものメイクに飽きたら眉のメイクにひと工夫してみましょう。

**シャープな顔になりたいときは直線を、ソフトな顔になりたいときは曲線を、それぞれ意識して描きます。**眉用のカラーマスカラで色をのせても雰囲気が変わります。

自分なりの眉のメイクのバリエーションをいくつか持っておくと、毎日のメイクに変化を楽しめるようになりますよ。

## 059 眉は「骨格」に沿って描く

思いどおりの眉に仕上げるためには、自分に合った基本の眉の描き方を知っておくことです。「自分に合った基本の眉」は人それぞれ違いますが、描き方のコツは共通しています。

それは、自分の顔の骨格に合わせて眉を描くということです。**どんなタイプの顔の人でも、その人の顔の骨格に合わせて描けば、眉に違和感が生まれません。**私がメイクレッスンをするときも、まずは顔の骨格を確認しながら眉を描くようにしています。

骨格に合わせて眉を描くときのポイントは4つあります。

**Point1.「眉頭を決める」**

左右の鼻の穴のトップからそれぞれ上に伸ばしていった延長線上が、眉頭の基本

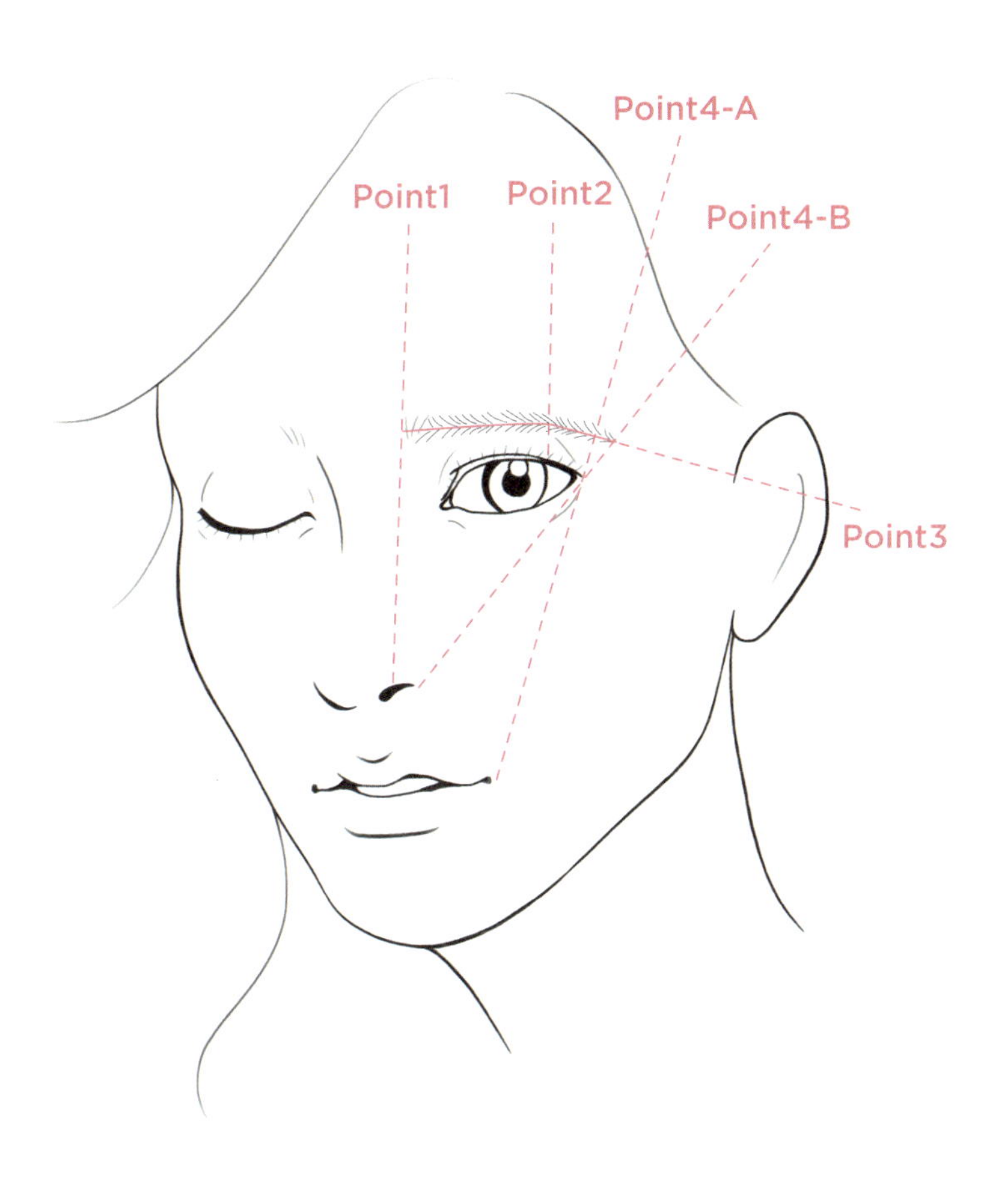
Point4-A
Point1
Point2
Point4-B
Point3

の位置。ここから眉を描きはじめます。

**Point2.「眉山を決める」**

黒目の外側を上に伸ばしていった延長線上が、眉山の基本の位置。眉頭から眉山までは地面に対して平行に線を引く。これが眉の軸線になります。

**Point3.「眉尻を描く」**

眉山から耳の付け根に向かって眉尻を描いていきます。

**Point4.「全体の長さを決める」**

小鼻の脇から目尻まで、あるいは口角から目尻まで伸ばしていった延長線上に眉尻があるとバランスのいい眉の長さになります。

4つのポイントを踏まえて眉の軸線を引き、引いた軸線を中心に上下に自然な毛流れを描いたら眉は完成です。太さはなりたいイメージに合わせてアレンジできます。

## よどみなく眉を描けるまで紙に描いて練習する

なりたい顔の眉を描けるように紙に描くなどして何度も練習しましょう。メイクレッスンをしていると、ひとつのパーツについてメイクの練習をしても、別のパーツに移ると前のパーツのメイクのポイントを忘れてしまう人をときどき見かけます。

**とくに眉のメイクは、初回よりは2回目、2回目よりは3回目のほうが「なるほど、だからこうすればいいのね」という理論と実践が定着しやすいパーツ**でもあるので、左右の眉をよどみなく描くことができるまで何度も繰り返しましょう。

061

## マンネリ顔を抜け出す3つのパターンを知っておく

いつもと同じ自分の顔にマンネリを感じたら、早速今日のメイクを変えてみましょう。私がおすすめするのは、1アイテムをプラスするだけで印象が変わる、次の3パターンのメイクです。

## Pattern1.「＋赤リップ」

いつもより大胆な印象を与え、女性らしさがアップするのは赤リップを使ったメイクです。**赤リップを使う際に大切なのは「今日は思いっきり入れてみよう！」というマインド。**気後れせず、堂々と唇に塗ることが赤リップのインパクトに負けない心をつくります。

黒のアイライナーは赤リップと好相性。こちらも大胆に、いつも引いたことのない部分にまで思い切って引いてみましょう。アイライナーの役割は、まつ毛とまつ毛のスキマを埋めて黒目を強調すること。赤と黒を使えば、手っ取り早く脱マンネリ顔がかないます。

## Pattern2.「＋いちばん濃い色のアイシャドウ」

何色か入っているアイシャドウのパレットのなかでもいちばん濃い色だけは、あまり出番がなく残りがち

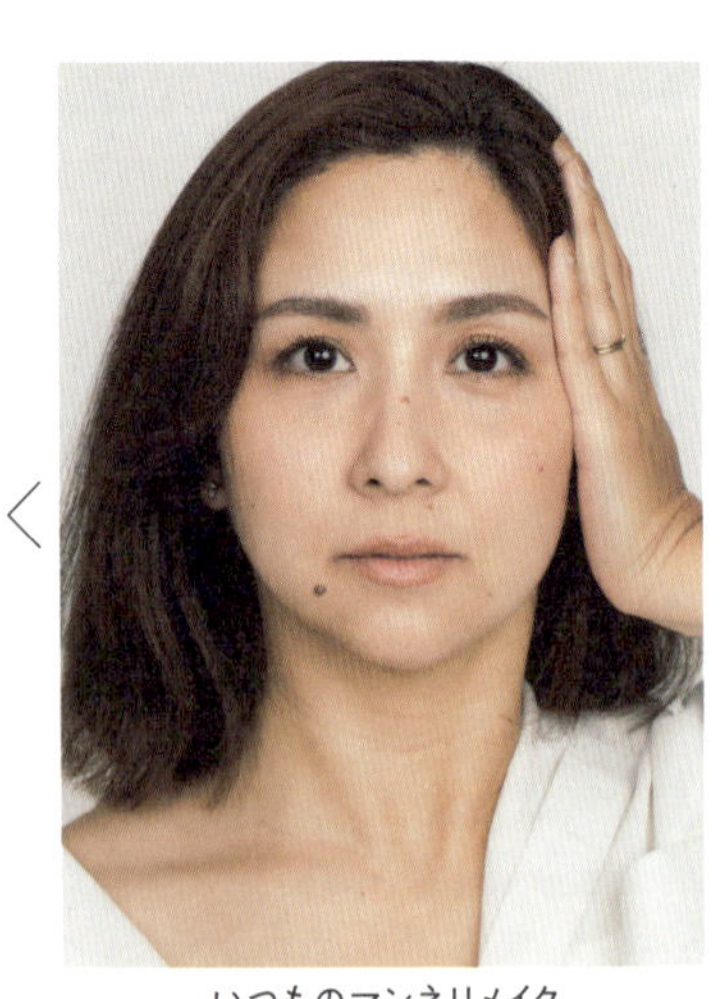

いつものマンネリメイク

アイライナー＋赤リップ

ではないですか？　そのいちばん濃い色のアイシャドウを使って、スモーキーなアイメイクをするのも脱マンネリ顔には効果的です。いつも使わない濃い色だからこそ、アイメイクが新鮮に映えるようになります。**もしも、鏡のなかの自分を見て「似合わない」と思ったとしても、それは濃い色のアイシャドウを使った自分に見慣れていないだけ。**胸を張って外に出ましょう！

### Pattern3.「＋色もの」

メイクのどこかに色をプラスすると、フレッシュな印象の顔に仕上がります。**ライムグリーンやラベンダーなど、顔のほんの一部の小さな面積だからこそチャレンジできるカラーを選ぶこともポイント。**挑戦しやすいのはアイシャドウやアイライナーといったアイメイクです。カラーを楽しんでマンネリ顔を卒業しましょう。

スモーキーアイ

カラーメイク

062

## 「今日どんな私で過ごしたいか」をメイクで表現する

**私が毎日メイクやファッションで意識していることは、「その日どんな私で一日を過ごしたいか」です。私はいつも、メイクや着る服をその日の朝に決めるようにしています。**前の日ではなく、その日に決めるのは「さあ、今日の私はどうなりたい？」と問いかける時間が好きだから。

かっこいい私で過ごしたいのか、可愛い私で過ごしたいのか、デキる私で過ごしたいのか、優しい私で過ごしたいのか、セクシーな私で過ごしたいのか。その日どんな私で一日を過ごしたいのかをイメージしてメイクやファッションをつくってあげられたら、「なりたい私」に近づくことができると思っています。

「その日どんな私で一日を過ごしたいか」は、毎日違っていてＯＫ。ひとつにしぼらないといけないルールなんてありません。ビジネスウーマンとして、母として、妻として、アーティストとして、ひとりの女性として、たくさんの選択をしながら思いっきり人生を欲張っていきましょう。

063

# 上手くいかないことの繰り返しでも「やり続ける」

週1ペースで通っているキックボクシング。トレーニングはきついです。「今日は休んじゃおう」って思うときもあるけれど、がんばって通っています。きつい時間ではあるけれど、少しずつ上達している自分がわかると楽しくなってくるものです。

メイクも一緒。今はトータルビューティーアドバイザーとして、メイクアップアーティストとして、メイクレッスンをしながら楽しく仕事をしていますが、はじめはつらいと感じたこともありました。

とくに、メイクスクールに通いはじめたばかりの頃はメイクの理論が頭に入らず、技術も未熟だった時代は先が見えずに不安でした。プロになってからも、レッスンで上手に伝えられなくて申し訳ない思いをしたことも一度ではありません。

**でも、とにかくやり続けました。上手くいかないことの繰り返しでも、やり続けたことでメンタルは以前よりずっと強くなりました。**壁にぶつかって、悩んで、きつい経験をしたから強くなっていくんだ、って今あらためて思っています。

もしもあなたが今そんなつらい時期を迎えているのであれば、私も一緒に心から応援します。You are a fighter!!

## 064 「メイクはマナーではない」と心に刻む

メイクは大人のマナー？　メイクはしなきゃダメ？　いいえ、そんなことはありません。私は、メイクはマナーでもマストでもないと思っています。

でももしも、「メイクをしていないから外に出ても知り合いと会いたくない」「ノーメイクだから玄関先で宅配便を受け取るのが気が引ける」というように、メイクをしていないことが少しでも後ろ向きな気持ちにさせるなら、絶対にメイクはしたほうがいい！　そのほうが、あなた自身の居心地がいいですよね？

女性を魅力的にするのは「自信」です。たとえば、どれだけ完璧なメイクをしていてもオドオドして背中が丸まっている人と、メイクは少し雑でも笑顔で胸を張っている人。後者のほうが魅力的ですよね。

私にとって、メイクは今日の自分に自信を持たせるスイッチのひとつ。「よし！　今

**日の私はこれでいこう」と、自分にGOを出すためのアクションでもあります。**だから極端な話、メイクをしなくても自分に自信を持って毎日を楽しく過ごせるなら、ノーメイクでもぜんぜん構わないと思うのです。

**毎朝せっかく鏡に向かうなら、メイクを自信というプラスの力に変えたほうが断然お得。**メイクはマナーでもマストでもなく、今日のあなたをより魅力的にする心強い味方なのです。

## 065 まずは、やってみる

「今のメイクを変えたい」「新しいメイクをしたい」と思っていても、なかなか動き出せないのは「失敗するかも」「上手くできないかも」という不安があるからではないですか？

変化することを恐れる気持ちは、以前の私にもありました。でも、子どもができて彼女たちの成長を見ているうちに「失敗なんてないんだ」と思えるようになりました。

何かを間違えたり上手くできなかったりしても、前に進むことを怖がることもあきらめることなく繰り返す子どもの姿を見ていると、ちゃんと失敗から学んでいるな、と。**「やってみればよかった」という後悔より、「やってみたけれど違った」という思いのほうが「次はこうしよう」という前向きな気持ちにつながります。**

さあ、まずはやってみましょう！

066

## メイクアイテムを最大化するために「役割」を知る

「せっかくメイクをしたのに、なぜかメイク前と印象があまり変わらない」という経験はありませんか？　セオリーどおりにメイクをしても、印象が変わらないときがあるのは、人によって顔やパーツの形状が異なることも影響しています。

たとえば、「アイライナーを細く丁寧に引いたはずなのに、パチッと目を開けて正面を向いて鏡を見たら、引いたはずの線が消えていた」なんてことも。こんなふうにまぶたの形状によって、アイメイクが隠れてしまうことは珍しくありません。

そんなときは、**「このメイクはなんのためにするのだろう？」という役割について考えてみると、そこにヒントがあります。**

アイライナーの場合なら、まつ毛のスキマを埋めて黒目を強調させることがその役割です。であれば、まつ毛のスキマを埋めることに専念してみてください。目のキワと呼ばれるまつ毛の生え際から1～2㎜の部分に沿って引いた線は隠れてしまうかもしれませんが、まつ毛のスキマを埋めた黒の点線のつながりは目を開いても消えることはないはずです。

ただなんとなくメイクをするのではなく、各アイテムの役割を活かすようにメイクをしましょう。

## 067 アイシャドウは「骨を感じるところ」まで入れる

アイシャドウも「ただなんとなく」でメイクをしていることが多いパーツです。そもそもアイシャドウは、目のまわりのどの範囲まで塗ればアイメイクが映えるかを知っていますか？

一重や二重、奥二重といった目のタイプに関係なく、アイシャドウが効果的に見える基本の範囲はアイホールと呼ばれる目頭と目尻を半円状に囲んだ部分です。もっとわかりやすくいえば、アイシャドウは「骨を感じるところまで入れる」がおすすめです。**指で優しく自分の目のまわりを触ってみると、眼球と骨の間にくぼんだところがあるのがわかると思います。そのくぼんだ部分がアイシャドウを塗る範囲です。**

ベースカラーもポイントメイクも、骨格を意識しながらアイシャドウを入れていきます。そうすると、アイメイクが映えるだけでなく、顔がより立体的に見えるようにもなるので一石二鳥です。

## 068 失敗しないアイシャドウのグラデの入れ方を学ぶ

アイメイクでよく聞かれることとして「グラデーションの入れ方がわからない」という質問があります。

しっかりアイメイクを見せようと思って、何色かあるアイシャドウのうち濃いめの色を幅広く、付属のチップでベタ塗りしてしまうと、立体感と垢抜け感のない仕上がりになってしまうことも。単色のアイシャドウを使ったワントーンメイクにするときも、グラデーションでふんわりさせることを意識するとグッと今っぽくなります。

グラデーションの入れ方のコツは3つ。

まずは、付属のチップではなく、**「メイクブラシを使う」**ことです。硬いチップに比べ、ブラシは毛先が細かい分だけアイシャドウを目の上にふんわり乗せることができます。自然な仕上がりのグラデーションをつくるために「ふんわり感」は必要不可欠です。

**「メイクブラシの動かし方」も大切です。**目のキワからスタートして、少しずつまぶたの上の骨格を感じるところまでブラシを上げながらアイシャドウを乗せていきます。前ページの写真のように、立体感を出したい場合は、目の両端を暗い色、黒目の上は明るい色でグラデーションをつくってみてください。

そしてもっとも大事なのは、**アイシャドウを乗せた後に指を使って「肌とシャドウの境目をぼかす」ことです。**色の層がパキッと別れて見えないように、色をぼかして肌になじませることが失敗しないグラデーションの入れ方の最大のコツです。

069

# 赤リップの「選び方」と「塗り方」を知る

「一度は試してみたいけれど、なかなか勇気が出ない」という声を聞くこともある赤リップ。強くてしなやかな女性の象徴だと思うから、私は赤リップも大好きです。

赤リップに挑戦するハードルを下げるためには、「選び方」と「塗り方」がポイントです。

ひと口に赤リップといっても、今どきは赤のカラーバリエーションもとっても豊富。オレンジ系やブラウン系もあれば、ボルドー系やローズ系など、赤色の種類がたくさんある分だけ、自分の肌の色になじむ赤リップを試してみましょう。

今まで「赤リップは似合わないから」と遠ざけていた人でも、選び方次第で自分にしっくりくる赤リップと出会えるはずです。

「塗り方」のコツは、縁をぼかすことです。**メイクブラシを使って赤リップを塗った唇の縁をぼかしてエッジを目立たせないようにすると顔に自然に溶け込みます。**「唇だけが浮いて見える」というリスクがなくなれば、赤リップも怖くなくなりますよね。

ひと塗りしただけで、洗練された大人の女性に格上げされる赤リップ。「選び方」と「塗り方」にさえ慎重になれば、誰でも臆することなく自分のものにできる最強の旬アイテムです。

## 070 強い女性の象徴「赤リップ」に挑戦する

失敗したり、人間関係が壊れたり、傷つく言葉を言われたり、体型が変化したり、自信がなくなったり、大切な人とお別れしたり……誰にでも、そんな経験があるはず。心が落ち着かないまま毎日を過ごしていると、「私って弱いな」と落ち込むかもしれません。

でも、それでも毎日一生懸命に生きていることは、「強さ」以外の何ものでもないと思うのです。**あなたが思うほど、私たちは弱くない。ちゃんと強くて、ちゃんと素敵な女性なんです。**

**だから、強い女性であることを確認するためにも、赤リップをつけてみて。**自分のために赤リップに挑戦してみてください。

071

## 気持ちを上げるために「目元」にポイントメイクをする

気持ちを上げたい日には、目元にポイントメイクをするとパワーがみなぎります。とくにおすすめなのは、ラメやグリッターなどキラキラするアイテムを使ったアイメイク。いつものメイクにキラキラをプラスするだけで気分がグッと高まります。

**一見、若い世代の人たちが使うものと思われがちなラメやグリッターですが、使い方次第で、大人の新鮮な表情を引き出してくれます。**

大粒なラメは、ひと塗りで華やかさを出せるアイテムです。黒目の下に仕込んでおくと、光の乱反射で瞳にキラキラが宿ります。

繊細なきらめきを放つグリッターは、思い切って上まぶた全体に使ってみてもＯＫ。アイシャドウとして大胆に入れても品よく仕上がるのは大人ならではの魔法です。

**ベージュやブラウンを重ねたアイシャドウが定番のアイメイクになっている人ならなおさら、ラメやグリッターを使ったキラキラ感を盛って印象チェンジに挑戦してみて。**アイメイクにポイントがある分、チークを控えめにしてリップの赤だけに色をし

ぼって使うことで洗練された雰囲気をまとうことができます。

キラキラの力を借りて、思いっきり気分を上げていきましょう！

## 072 「鼻のトップ」にチークを入れて可愛さを底上げする

チークを頬に使っているだけならもったいない！　チークは、使い方次第でもっと可愛さを簡単に底上げできる便利なアイテムなんです。

とくにおすすめなのは、鼻のトップにチークを入れる方法です。**鼻のトップがツンと立ったように見えると、あどけなさと血色感を自然に演出することができます。**

鼻のトップのチークに目線が行くことによって、それまでベースメイクの色だけだった鼻にメリハリが生まれ、顔がセンター方向にシュッと引き締まって見える効果もあります。

**ポイントは、あくまでもチークと一体化させること。チークを入れた流れで、鼻のトップにさっとのせるだけでＯＫ。**さりげないニュアンスが気品のある大人の可愛さにつながります。

CHAPTER 3　　My Ambition _ キレイになる欲を持とう

073

## チークの入れ方は「恋してる顔」を目指す

チークのいちばんの役割は、血色感を出すことです。血色感は、お風呂上がりのような上気した顔で、顔色をよく見せます。**「素肌をとおして、血色のよさまで透けて見える」という透明感をアップさせる効果もあるので、大人のメイクには欠かせないアイテムです。**

頬の真ん中に丸く入れてガーリーな可愛らしさを出したり、頬骨に沿って内側から外側に向かってすっとメイクブラシを横に流してシャープさを出したり、チークを入れる位置は「なりたい顔」によって変幻自在。唇に塗ったリップをそのまま頬にポンポン置いて、チークと同じように頬の上でメイクブラシを使ってぼかすと、顔全体がワントーンでまとまって統一感が出るので垢抜け顔もつくれます。

どのパターンでも、チークの入れ方のポイントは「恋してる顔」を目指すこと。〝くっきり&はっきり〟ではなく、あくまでも〝ほんのり&さりげなく〟紅潮した頬を目指しましょう。

074

# ネガティブコメントで崩れないために目的を持つ

せっかく勇気を出して赤リップやキラキラメイクに挑戦したのに、「そのメイク、○○さんっぽくないね」「そんなメイクをしてどこに行くの?」なんてネガティブなリアクションが返ってきたとき、あなたならどうしますか?

私は「よしっ、もっとメイクをがんばろう!」と、自分をがんばらせるための原動力にしようと考えます。

何かに挑戦したり新しいことをはじめたりする人に対して、心ないことを平気でぶつけてくる人は必ずいます。そんな状況でもっとも大切なのは、自分自身が崩れないこと。**「そんなことでダメージを受けるような私じゃないので、気にせず前に進みます!」と自分を信じることだと思っています。**

私自身、会ったこともない相手からネガティブなコメントが寄せられることもあります。でも、私がやりたいことはトータルビューティーアドバイザーとして、ひとりでも多くの女性がメイクやヘア、ファッションや姿勢などあらゆる面から自信を持って生きていかれるようなお手伝いをすることです。そのためにはネガティブなコメントをいちいち食らっているヒマはありません。会ったこともない相手のために、崩れるわけにはいかないのです。

ネガティブなコメントには正面から立ち向かう必要はありません。軽やかにかわしつつ、自分のやりたいことだけを見て、ブレずに前に進みましょう。目的を持って、崩れない強さを持つことが大事。Strong is Beautiful. Beautiful is Strong.

## 075 「やってみないとわからない」を存分に楽しむ

私ははじめてのメイクに挑戦するのが好きです。まだ使ったことのない色を顔にのせる瞬間も好きです。

世の中に、やってみないとわからないことはたくさんあるもの。ほんの少しでも「どうなんだろう?」と興味を感じたことは、どんどん挑戦していこうと思っています。なぜなら、やってみないとわからない感動や、やってみないと気づかなかったことを逃したくないから。

もしも、今日やってみて「このメイクでは気分がのらなかったな」と思ったら、明日は違うメイクに挑戦すればいい。今日やってみて「この色はちょっと違ったかも」と感じたら、明日は別の色を選べばいい。

メイクも生き方も、根っこにある考え方は同じ。

Tomorrow is another day!

# CHAPTER 4

# Hello New Me

新しい自分を見つけよう

メイクにマンネリを感じたときは
今の自分をステップアップさせるサイン。
「まわりから笑われないかな」
なんて不安は必要なし！
自分の価値は自分で決めればいい。
誰かの視線に遠慮して挑戦しないより、
新しい自分との出会いを楽しむほうが
ずっと意味のあることだから。

076

# 毎日「同じ自分」にとどまらず「新しい自分」を探す

ところで、あなたは毎日同じメイクをしていませんか？　昨日と同じメイクを今日もする理由はなんですか？

もしも同じメイクをしている理由が「好きだから」ではなく「楽だから」だった場合、今日からメイクを変えて、新しい自分と出会ってみませんか？

「現状維持ほど怖いものはない」という言葉は、アスリートの世界ではわりとよく聞くことです。たとえ優勝できたからといって、その優勝に満足して上を目指すことをやめてしまうのは危険なこと。**変わらないことは、リスクになるのです。**ふたたび優勝するためには「今の自分より強くなろう」という攻めの姿勢でトレーニングする必要があります。

メイクだって同じこと。**「楽だから、昨日と同じメイクでいいかな」と思ってメイクをしても、昨日と同じ顔にはなりません。**昨日と同じメイクなら、昨日よりフレッシュさが欠けている分、自分のなかでワクワクする気持ちが減っているからです。

メイクで時計の針を戻すことはできないけれど、「今日の私」を最高に見せる力にはなってくれるもの。自信を持って新しい自分をMAKE UPしていきましょう。

## 077 似合わない色はない。使いたい色を似合う色にする

「ブルーやグリーンのアイシャドウを使ってみたいけれど、私には似合わないと思うんですよね」「ベージュ系のメイクにマンネリ気味。たまにはカラーメイクをしてみたくて」という「色」に関するメイクの相談を受けることが少なくありません。

パーソナルカラーのカウンセリングを受けたことがある人は、「自分に似合う色と似合わない色を知っている」という人もいるでしょう。

**私も以前、その人に似合う色を提案するパーソナルカラーの仕事もしていたからよくわかるのですが、その一方で罪だなと思うこともあります。なぜって、本当は似合わない色なんてないのですから!**

「ブルーやグリーンは似合わない」と思っている人であれば、**「質感や色のトーン」**を変えて選べば、キレイに見せられます。

「ベージュがいちばん似合う」と思っている人でも、ピンクやオレンジのカラーメイクを楽しんでいいんです。一度しか使わず「似合わなかった」と放置しているピンクやオレンジのリップだって再チャレンジすることはできるはず。たとえば、ベースにベージュ系のリップを仕込んでおけば、似合うようなバランスでリップの色を唇に取り入れることはできるのです。

**似合わない色だからとあきらめてしまう前に、使いたい色ありきで自分に似合うようなアプローチを探ってみてください。**それがどんな色だとしても、あなたの肌にフィットする取り入れ方は必ず見つかるはずです。

078

## キレイになることは自分のためだけじゃないことに気づく

**「メイクは、自分がキレイになるためのツールのひとつ。メイクでキレイになったのではなく、メイクをして自信を持てるようになったからキレイになれるのです」**——これは、いつも私がメイクレッスンでお伝えしていることです。ほかの何よりも「メイクを通じて自分に自信を持つこと」が、キレイへの近道だと思っているからです。

そうやって、まずは自分に自信を持って、どんどんキレイになる。そして、あなた自身がハッピーな気持ちになる。すると、次に何が起こると思いますか？

じつは、**あなたがメイクでキレイになってハッピーになると、あなただけではなく、まわりの人まで幸せな気持ちが連鎖して広がっていくのです。**

以前、「ハッピーメイクアッププロジェクト」という被災地ボランティアの企画をプロデュースしたことがあります。

「メイクレッスンは女性だけにメリットをもたらすイベントではありません。キレイになってマインドが明るくなった女性が増えれば、まわりにいる人たちだって自然と居心地がよくなるもの。気がつけば、地域全体がハッピーな人でいっぱいになる」という主旨のプロジェクト、素敵ですよね？

あなたがメイクでキレイになることは、あなただけのためじゃなく、まわりを巻き込んでハッピーになれるものなのです。そう思ったら、ますますメイクをすることにワクワクしませんか？

079

# どんな環境でも、自信を持って、自分らしく生きる

英語にも、こんなことわざがあります。

「Happy wife,happy life.（妻が幸せなら、家族の人生も幸せ）」。

これも結局、女性がハッピーでいることが、家族全員を気分よく明るい気持ちにさせる、ということ。

**私が考える〝女性のハッピー〟とは、メイクで自分に自信を持てるようになること。**

その自信がキレイになることでもあり、「私は私。どんな環境に置かれたって、自分らしく楽しく生きていくことができる」という「自立」につながることでもあると思っています。

いつだって自分らしくいられるようになれば、家族だけではなく、他人との関係性や社会とのかかわり方も、今よりももっと楽で快適なものに変わっていくはず。メイクは、これからの時代を生き抜いていくために、自立した女性を美しくサポートする役割も担っていると思っています。

080

## セクシーかエロティックか——「リップ」を使いこなす

「今日は思いっきり女っぽいメイクをしよう」と思ったとき、リップのパーセンテージを増やすという方法があります。リップを塗って血色感やツヤをプラスすることで女っぽさを格段にアップすることができます。

ところで、**リップとグロスの塗る面積を変えるだけで与える印象が変わることを知っていますか？**

たとえば、「女っぽさは大切にしたいけれど品のよさもほしい」という場合のリップメイクは、口角を引き締めるというところにポイントがあります。

口角を引き締めるとキリリとした気品を感じさせる印象になります。唇にシャープさを与えるためにリップライナーを使って口角までしっかり縁取りましょう。リップと肌のコントラストをはっきりさせるために、唇の横にコンシーラーをなじませておくのもおすすめです（唇が薄い人はリップを上唇だけ2㎜程度オーバーリップ気味に塗りましょう）。グロスは上下の唇の中心部分にだけ少量を置くように塗ると、ナチュ

ラルなセクシーさが宿ります。

**もしも「あざといくらい女っぽさ全開のリップメイクをしたい」という場合、リップとグロスを塗る範囲がポイントです。** まずリップは、唇の上下ともに2㎜程度オーバーリップ気味に塗っていくことで唇の存在が強調されます。そこにグロスを上下の唇に口角のラインがあいまいになるくらい全面的にたっぷりと塗ると、色気を通り越して過剰なエロさを出せます。ただし、シーンによっては盛りすぎないように気をつけて！

**大切なのは、リップとグロスは塗り方によってセクシーにもエロにも寄せられることを知る、ということ。** 知識があれば、女っぽさすらコントロール可能になるのです。

## 081 「Diva」を呼び起こす

成功して有名になった女性歌手や女優に対して〝Diva〟という言葉が使われることがあります。〝Diva〟は、イタリア語では「歌姫」、ラテン語では「女神」と、いろいろ解釈があるようです。

英語では「自分を特別な大物だと思っている女性」と、ちょっと意地悪なニュアンスも感じますが、私がいちばんしっくりくる〝Diva〟の意味は「自尊心が強い女性」です。**ありのままの自分を尊重し、それをすべて受け入れて生きていくことができる女性。それが私にとっての〝Diva〟です。**

「メイクやファッションを楽しみながら、自分のなかに眠っている〝Diva〟を呼び起こそう！」——これは私のテーマでもあります。

Find the Diva in you.

さあ、あなたのなかの〝Diva〟も見つけて！

## 082 気持ちが「アップ」することかを見極める

「メイクアップ」も「ドレスアップ」も、ただ盛って、着飾って、キレイになるだけじゃなく、気持ちが「アップ」することが大事。

どんな挑戦でもまずやってみて、**自分の気持ちが「アップ」するかどうかを見極めましょう！**

# 083

## 他人と比べる時間を自分と向き合う時間にシフトする

「みんなと比べて私って目が小さいな」「あの子のほうが私より細くてうらやましい」などと、誰かと比べてしまうことってありませんか？　比べるのは悪いことではないけれど、誰かと自分を比べて落ち込んでしまうなら、それは自分で自分のことを傷つけているようなもの。「比べるのをやめたいな」と思いますよね。

ただ、比べることは、やめたくてもなかなかやめられないのも事実。そんなときは、こんなふうに考えてみて。「誰かと自分を比べてしまうのは仕方がない。でもこれは、自分との違いを知るためのリサーチをしただけだわ」と。

**メイクのスキルを上げるためにはリサーチは欠かせません。大切なのは、誰かと自分を比べたリサーチの結果そのものよりも、結果をどう活かしていくかです。**

「みんなと比べて、私って目が小さいな」というリサーチ結果だったら「つぶらな瞳を私らしくカッコよく見せるにはどんなふうにアイラインを引くべき？」、「あの子のほうが私より細くてうらやましい」というリサーチ結果だったら、「もっとスタイルアップしたいときには、どんなヘアスタイルやコーディネートをするのが効果的？」というように。

誰かと比べるリサーチの時間を今までより少し減らして、その分、リサーチ結果を自分に活かす時間にシフトしてあげましょう。キレイにもなれるし、自分の心だって守ることができる、「他人と比べること」の有効活用法です。

## 084 「どう見られるか」より「どうしたいか」を自分に問う

「まわりからどう見られるか」も気になるけれど、いちばん大事にしたいのは「自分がどうしたいか」。「どう見られるか」という外側はメイクでコントロールできたとしても、「どうしたいか」という内側は本人の覚悟次第だからです。

**英語のことわざの「Never judge a book by its cover.」は、訳すると「本の表紙だけで判断するな。読んでみなければわからない」。転じて、「見た目だけでどんな人かを理解したつもりになるな」という意味になります。**

メイクで顔をつくるのも一緒。誰にも屈しない意思の強さを感じさせるシャープな顔のメイクをしても、内心は不安でいっぱいなときもある。柔らかな春の空気をまとっているようなふんわり淡いメイクをしていても、心のなかは戦闘モード一色だったりする。そんなふうに見た目で簡単に判断できるほど、私たちは単純じゃない。それでいいし、それがリアルな私たちの姿だと思うのです。

だからこそ、どんなにメイクが上手くなって「なりたい顔」を思いどおりにつくれるようになっても、「私の顔はひとつじゃない。今の私はこんなふうに考えていて、これからの私はこんなふうに生きていくわ！」という自立心と自尊心をいつも持っていたいと思いませんか？

## 085
## 「垢抜け顔」に変わる色の組み合わせを学ぶ

メイクで新しい自分の顔に出会うためには、「色」を味方にするのもおすすめです。まずは、あなたがチャレンジしてみたい色を決めましょう。**まだ試したことのない色でメイクをするのは単色でも楽しいけれど、そこにもう一色プラスすると〝こなれた感じ〟を演出することができます。**

プラスする色は、「補色」という方法があります。補色とは、正反対の性質を持つ色のこと。**「組み合わせると、それぞれの色が美しく際立つ」という特徴があります。**補色の組み合わせを見ると、一瞬「そこだけメイクが浮かない？」と心配になるかもしれませんが、それぞれの色のトーンや質感を調整すれば大丈夫。

たとえば、イエローに挑戦しようと思ったとき、補色のパープルを近くに置くとにオシャレ感が一気にアップします。原色のまま使うのには抵抗がある場合、淡い色などのアイシャドウを上まぶたにのせたら、さりげなくパープルのアイライナーを細く仕込むとか。「肌になじんでいるけれど、どこか垢抜けている顔」をつくれる補色メイク、チャレンジしてみてください。

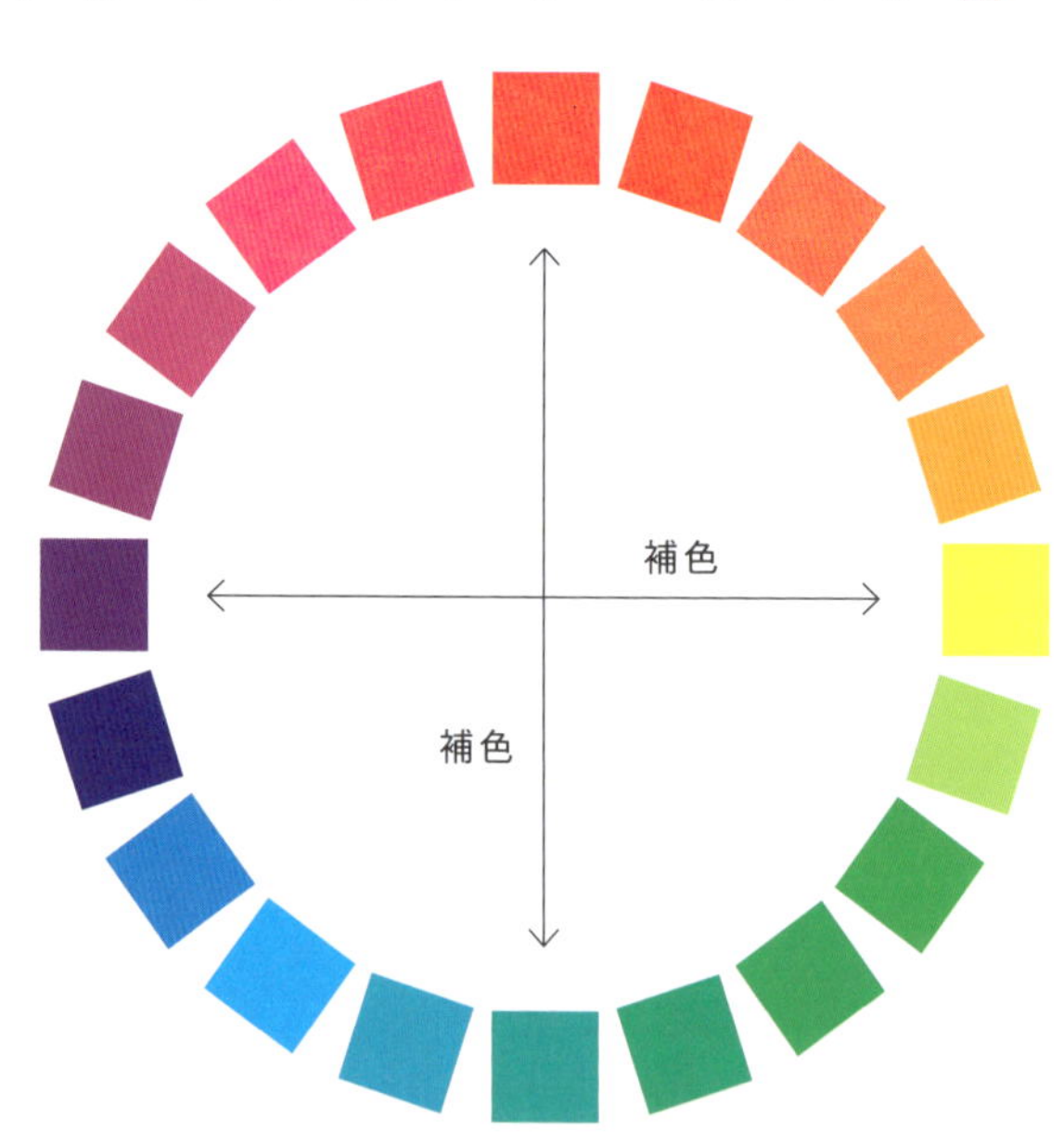


※「マンセル表色系の色相環（20色相）」を基に作成

086

# 「補色」にはワナがあることを知っておく

「青っぽいクマには、オレンジ系のコンシーラーをのせる」

「小鼻の横やニキビ跡などの赤みには、グリーン系のコントロールベースを塗る」

「肌全体が黄色くくすんでいる場合には、ラベンダー系のルースパウダーを仕込む」

　こんなふうに、色にまつわるメイクのコツを聞いたことはありませんか？　これは「補色」の効果を活かした提案です。補色の特徴は、重ね合わせるとお互いの色を打ち消すところにあります。

　**ところが、先ほど紹介したメイクのコツは、一般的にいわれていることであって、すべての人に当てはまるとは限りません。**たとえば、クマには青だけでなく茶色や赤、黒など色味はさまざま。色味に合っていないコンシーラーを乗せると、クマの色がかえって濃く見える場合があります。つまり、**「補色の効果」にも落とし穴はあるのです。**

　**大切なのは、一般的な色の常識を鵜呑みにしないこと。**人によって異なる顔の色味をパーツごとに正しく見極められるように、鏡で自分の顔をよく観察しましょう。

087

## ふだん使わない色の「とらえ方」を変える

自分にとって新しい色をメイクに取り入れることは、はじめは勇気が必要かもしれません。でも、「似合わないかも」「派手すぎるかな」ととらえているのは案外、自分だけだったりするものです。**色のとらえ方は本当に人それぞれだからです。**

たとえば、黒という色について、あなたはどんなイメージを持っていますか？

「地味」「暗い」ととらえる人もいれば、「高級感」「パワフル」ととらえる人もいます。私のように「強さ」「自己主張」ととらえる人だっているかもしれません。

どんな色でも人によってとらえ方は違うと思えば、新しい色に挑戦する怖さもなくなるはず。あなたの選択に自信を持ってください。

088

## 「後向き」より「前向き」にとらえる

色のとらえ方が人それぞれ異なるように、日常生活で起こる物事のとらえ方もさまざまです。何かが上手くいかなかったとき、「最悪。私には向いてないのかも」ととらえるのか、「わっ、伸びしろしかないな」ととらえるのか。

誰かに意地悪なことを言われたとき、「私のどこがダメだったんだろう」ととらえるのか、「ん？ 何かイヤなことでもあったのかな」ととらえるのか。

起こってしまったことや相手の発言を変えることはできなくても、とらえ方次第で自分の気持ちや向き合い方は変えられます。**だったら、とことん自分の心が前を向くようなとらえ方をしたほうが勝ち。**自分の力でネガティブなことを乗り越えていけるような強い女性を、私と一緒に目指しましょう！

## 089 嫉妬させるくらい、いい女になる

失恋をしたとき、仕事で失敗をしたとき、人間関係で傷ついたとき……つい相手のことをねたんだり、うらやんだりしていませんか？ でも、誰かをねたんだり、うらやんだりしても、気分は晴れないし、起こった事実も変わらないですよね。

もしも、誰かをねたんだり、誰かにうらやましい気持ちが沸き起こってきたら、こ

んなふうに考えてみてはいかがでしょう。自分が相手に嫉妬するのではなく、「相手に嫉妬させるくらい私自身がいい女になろう」って。

**ベクトルの向きは相手ではなく、自分。自分に目を向けて、自分にフォーカスする。**

メイクをして、自分に自信をつけて、自分がいるレイヤーを一段上げてしまえばいい。

相手が歯ぎしりして悔しがるくらい、キレイになってしまえばいい。

嫉妬心はすべて、私たちが強くていい女になるためのエネルギーなのです。

## アクセサリーの力を借りて気持ちを上げる

「今までの自分を変えたい」と思ったときこそ、新しい自分に出会えるチャンス。気持ちが上がるメイクをしましょう。

**気持ちを上げたいときのメイクのなかでも、私のお気に入りは「アクセサリーに合わせたメイク」です。**インパクトのある大ぶりのアクセサリーなら、より効果的。メイクとアクセサリーのダブルの輝きによって表情がパッと明るくなるので、自然と気持ちが上がって笑顔になります。

たとえば、カラフルなピアスを選んだら、メインとなる色と同じ色のアイシャドウをまぶたの上にポンとおきます。あとは、少しずつメイクブラシでぼかしていくだけで、単色のアイメイクは完了。前ページの写真のように、イエローのアイシャドウしか使っていないアイメイクでも浮いて見えることはありません。アクセサリーとアイメイクの色で遊んで、楽しい気分を盛り上げちゃいましょう。

## 091 もっともっとリップを楽しむ

メイクの楽しさは、「こうじゃなきゃダメ」という制限がないところだと思っています。リップだって、「唇にしか塗ってはダメ」というルールはありません。**私はよく、リップをチークとして仕込みます。**リップのテクスチャーはしっとりなめらかなので肌なじみもよく、クリームチーク感覚で使える、って知っていましたか？

思いっきり遊びたいときは、ニコッと笑った頬の高い位置に思いっきりリップを置きます。あとはクリームチークを使うときと同じように、指やメイクブラシを使ってベースメイクに仕込んでいくだけです。

リップの色と合わせれば、ワントーンメイクも簡単に叶います。リップの色によってはチークより発色がいいので、お手軽に血色感をプラスしたいときにも便利です。メイクアイテムの使い方は、いつだって自分次第。もっともっと、リップを楽しんでみて！

## 092 「これが私！」といえる人になる

「This is me!（これが私！）」この曲は、映画『The Greatest Showman』の劇中歌。まわりの人とは違う個性を持った女性が、「これが私のあるべき姿なの。これが私よ！」とありのままの自分を受け入れて力強く生きていくという宣言を歌っています。

「私をゴミのようには扱わせないわ」「自分が愛される価値があるってこと、私は知っているの」というメッセージを受け止めると、少しずつ勇気がみなぎってきませんか？

**私たちもメイクをするたびに、「This is me!」と宣言していきましょう！**

メイクは私たちを強くする武器。メイクという武器があれば、私たちは強くなれるのです。

093

# 2つの「ピンクメイク」を使いこなす

人気のピンクメイクも「なりたい顔」に合わせて、可愛い系にもカッコいい系にもメイクで寄せていくことができます。

**ピンクメイクをするときは、「色」「形」「質感」の3つのポイントをそれぞれおさえましょう。**

カッコいい系のピンクメイクの場合、色は明度が低いピンクベージュやくすみ感のあるピンクブラウンなどをチョイスします。

形は直線を意識すること。眉やリップも直線で描いて、シャープな印象を出していきます。チークの入れ方も「丸」ではなく「線」を描くようにしましょう。

質感はツヤっぽさが大事。目元にハイライトを入れて、唇にはグロスを塗って、それぞれツヤをプラスします。

目線を上に集めるように、眉と目元を濃いめに仕上げると、キリリとしたカッコよさが出るようになります。

可愛い系のピンクメイクの場合、色はパステルピンクのような明度が高いピンクがおすすめ。明るくて淡い色遣いで、ピュアな印象を出していきます。

形は曲線や丸みを意識するようにします。眉やリップも弧を描くように柔らかい線

を乗せていきましょう。

質感は、ふわふわしたパウダリーなイメージを大切にするのがコツ。アイメイクもふんわり仕上げます。

目線を下に集めるように、チークを入れる位置に工夫をすると、より可愛らしい表情になります。

色を取り入れながら自分らしさも表現できる大人のピンクメイク。気分によって可愛い系とカッコいい系を使い分けて楽しんでくださいね。

## 094 7つの質問で「マンネリメイク」から脱却する

「メイクで顔の印象を変えたいけれど、どうしていいかわからない」というときは、まずは次の7つの質問から、いつもしているあなたのメイクを振り返ってみましょう。

次に、「いつもやっていることとは違うこと」を選んで鏡に向かってみてください。

❶「ベースの質感は？」（例：ツヤ、マット）
❷「アイシャドウの色や塗り方は？」（例：ベージュ系、多色、グラデーション）
❸「マスカラの量と塗り方は？」（例：たっぷり、束感を出しながら）
❹「アイライナーの色と引き方は？」（例：ブラウン系、細めに）
❺「チークを入れる位置や色は？」（例：低めに丸く、オレンジ系）
❻「リップの色や質感は？」（例：ヌーディ、マット）
❼「眉の形、色は？」（例：シャープ、ブラウン系）

いつもルーティンになっていることを、ほんの少し視線を変えてみるだけで意外と雰囲気が違って見えるもの。**小さな変化でも、自分の気持ちは大きく変わります。**

095

# 即イメチェンしたいなら「分け目」を変える

今すぐイメチェンをしたいなら、前髪の「分け目」を変えてみてください。たった1秒でガラリと雰囲気を変えることができます。

髪の分け目については、意外と無頓着な人が多いもの。「何年も変えていない」「なんとなく分かれているのをそのままいかしている」ということも珍しくないようです。

いつもは右寄りで分けている人が左寄りにするだけでも印象は変わりますが、額を出している人が前髪をつくってシースルーバングにしたり、センターパートできっちりしていた人が7：3で髪をかきあげてハリウッド風にしたりと、イメージは自由自在。**コームやスプレーがなくても、手ぐしでザクザクっと分け目を変えるだけでも、髪のボリュームの出し方やカールの仕方は変えられます。**

気分転換をしたいときはもちろん、1日のうちで何度も簡単にイメチェンができるので、私もよく遊んでいます。ヘアスタイルにマンネリ化を感じたら、カットやカラーをしにサロンに行く前に、まずは分け目を変えてみてはいかがでしょう。

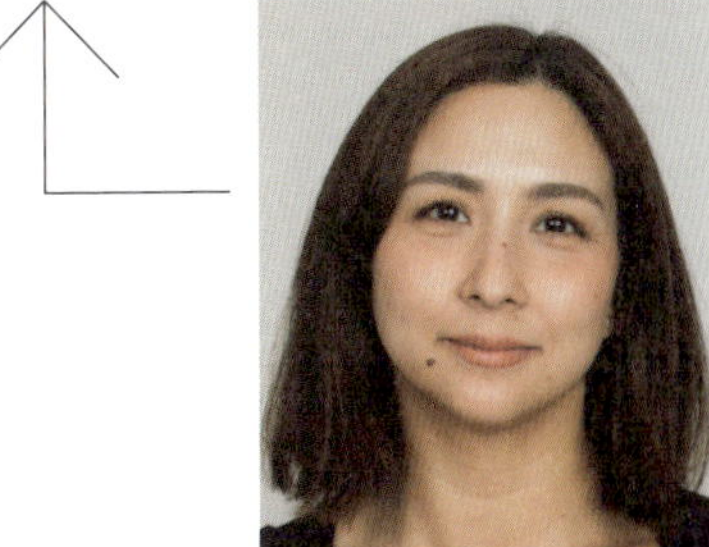

096

## チャレンジメイクは「洋服の配色」からはじめる

メイクを洋服と同じカラーでリンクさせるのも新鮮です。「この洋服を着たいから、メイクはこんなふうにしてみよう」という遊び心が、新しい顔と出会うヒントになります。

大胆な色づかいのメイクは、あなたをドキドキさせてくれるはず。たとえばカラフルなワンピースを着たときは、ワンピースを彩るいくつかの色のなかから2～4色選んでメイクとリンクさせていきます。

**着ている洋服にある色のなかからどの色を選んだらいいか迷ったときは、「気持ちがはずんだ色」がおすすめです。**「素敵だな」「可愛いな」と感じた色が、今のあなたにいちばんフィットする色です。

**カラーメイクをするとき、色をもっとも取り入れやすくするアイテムはアイシャドウです。**のせる幅を調整すれば、どんな色でも気軽にチャレンジできますよね。目頭と目尻で乗せるアイシャドウの色を変えてもオシャレに仕上がります。

メイクと洋服を合わせる色は、単色でも垢抜け感が高まります。同じひとつの色でも原色もあれば、くすんだ色やキラキラの入った色などいろいろ顔にのせてOKなのがメイクの楽しいところ。メイクにルールはありません。色づかいを思いっきり楽しみましょう。

## 097 身のまわりのモノから「色の組み合わせ」を盗む

メイクの色選びで私が参考にしているのは、洋服、アクセサリー、スカーフ、バッグ、インテリア……つまり、身のまわりにあって「いいな」と思うものならなんでもアリ。ときには、お菓子の箱や飲みもののボトルのデザインに「この組み合わせも素敵!」とインスパイアされます。

**カラーメイクを楽しむコツは、人とは違う色の組み合わせを選ぶことです。**色の組み合わせって難しいけれど、色をのせる位置やボリュームのバランスのコツさえつかめば自分らしいメイクができるはず。

大切なのは、いつでもアンテナを立てておくこと。色選びのヒントは思わぬところに隠れていることもあるからも見逃さないで！

## 098 1分間で「メイクしてます顔」を仕上げる

急な来客や時間がないときの外出といった、大急ぎでメイクをする必要があるときに活躍するのが「1分メイク」です。1分あれば、「完璧ではないけれどメイクはしていますよ」という顔がゴールです。

たとえば、リップペンシル1本で、目尻、頬、唇の順番で手を止めることなくサササッと色をのせていきます。その後、目尻と頬にのせた色を指でぼかせば1分メイクは完了です。**ポイントはリップペンシルだけで顔に血色感をつくる、ということです。色味をプラスするだけで「メイクしてます顔」はつくれます。**眉の薄い人は、ここにアイブロウで眉を描き足せば安心です。

完璧なメイクではなくても、1分間という超短時間でベストを尽くすことが肝心。1分で自分に「よしっ、OK！」を出せるスキルは、身につけておいて損はないと思います。リップペンシルを持っていない場合は、リップでも同じことができます。

099

# 自分が見えるものだけを信じて突き進む

ＳＮＳに限らず、いろいろな人と関わるなかでネガティブな言葉を言う人はいます。結果が出ていないことに、あれこれ言う人もいます。結果が出ていても、あれこれ言う人もいます。

**もちろん、他人の意見はとても貴重で大切だと思うときもありますが、そもそも自分の思い描くビジョンは自分にしか見えていないもの。**だったら、誰かの言葉に振り回されることなく、自分が見えるものだけを信じて突き進んでいきましょう。

ネガティブな言葉に心が折れそうになったときは、この言葉を口に出して言い聞かせてみて。

「あきらめないで、シーズン2がはじまるから！」

# CHAPTER 5

# Be You To The Full

あなたのままで最大限に

幸せを見つけるのは簡単じゃない。
でも、自分以外のどこかに
幸せがないことも知っている。
だから、もっと今の自分と向き合おう。
外からもたらされた美しさより、
今の自分から美しさを引き出せたほうが、
確実に自信になるもの。
そうやって自分で自分を
幸せにできることほど強い武器を
私はほかに知らない。

CHAPTER 5　　Be You To The Full _ あなたのままで最大限に

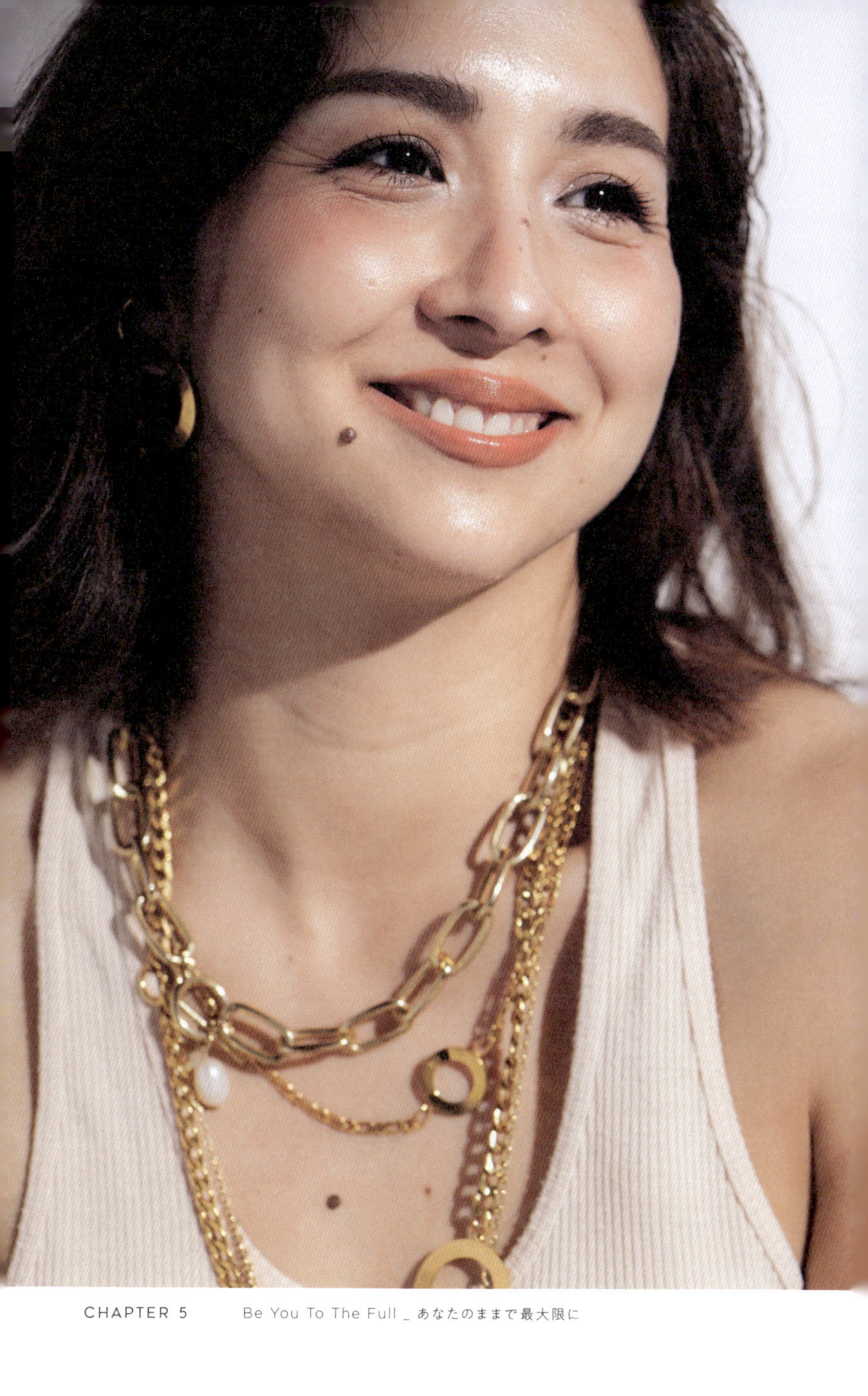

100

# 今の自分を最大限に活かす

以前、「今これ人気なんですよね」と紹介されて観た動画コンテンツがありました。テーマは「一重さんにおすすめのメイク」。私も「どんなメイクを紹介してくれるのかしら」とワクワクしながら観ていたんです。ところが、結局はアイプチを使ってまぶたを二重にしたところにメイクをして終わり。これにはとても残念な気持ちになりました。

なぜって、「一重まぶたのままじゃダメってこと？」「二重に見せることが美しさの最終結論なの？」と思ったから。私が期待していたのは、「一重まぶたをいかした魅力的なメイク方法の提案」だったからです。

一重まぶたには一重まぶたの美しさがあります。奥二重には奥二重のメイクの楽しみ方があります。**それを肯定することができないのは、単純に必要なメイクの知識が不足しているというだけのこと。**自分の「なりたい顔」に足りないと思うものをメイクで補うことは可能だし、メイクで自分の顔のパーツをもっと活かすこともできるんです。

いつだって、私がメイクをする女性に望むのは、「Be You To The Full（あなたのままで最大限に）」ということです。

今の自分が持っているものを最大限に活かしたメイクができるようになることは、自分を幸せにする力を自分で手に入れたということ。それは、この先どんな人生が待っていようと、自分らしく生きていくための最大で最強の武器に違いないのです。

## 101 あらためてメイクのパワーを信じる

メイクには、私たちの心をケアするパワーもあります。

はじめて私がそのことを確信したのは、東日本大震災後に被災地を訪れ、ボランティア活動としてメイクレッスンをしたときでした。毎日、会場に足を運んでくださった大勢の人たちが、メイクをして次々とキレイになっていくことに心の震えが止まりませんでした。

その後、いただいたお手紙のなかには、「震災の日から一度もメイクをしていなかったけれど、明日から女性としてふたたび人生を楽しみたい」と綴られているものもありました。

**メイクは私たちの心を明るく輝かせてくれるもの。「もうダメかも」と崩れそうになったときでも、必ず私たちに前を向かせてくれる力になります。**そんなメイクの持っているパワーを思い知ると同時に、私がメイクをしていくターニングポイントにもなった出来事でした。

さあ、メイクのパワーを信じて、あなたらしく生きていきましょう。

## 102 優しさを「自分」にも向ける

自虐的な言葉を口にすることがクセになっている人がいます。「鼻が低くてブスなんだよね」「そばかすが多くて顔が汚いんです」というように。あなたにも心当たりはありませんか?

友達同士のおしゃべりだったら、「その低い鼻が可愛いんじゃない」「そばかすがあるから優しい印象に見えてるのに」というように、自然に優しい言葉をかけることができるはず。私はそういうところが日本人の優しくて素敵なところだと思っています。

今日からはそのマインドをまわりの誰かではなく、自分に向けましょう。**自虐的な言葉を口にするかわりに、「いいね」「可愛いね」「こうしたらもっと素敵になるよ」と自分を他人だと思って、優しい言葉を自分自身にかけてあげてください。**

今のあなたを丸ごとあなた自身が受け容れて、認めること。自分の言葉で、自分を笑顔にしてあげましょう。

## 103 「メイクオーバー」より「メイクアップ」をする

「メイク」という言葉には、2つのパターンがあるのを知っていますか?

英語には「メイクアップ」のほかに、「メイクオーバー」という単語もあります。

メイクアップが〝つくり出す〟ことに対し、メイクオーバーは何か別のものに〝つくり変える〟など、変化することを指すニュアンスがあります。

**私がメイクアップという言葉を好んで使うのは、自分にもとからあるものをアップグレードさせていくのが、メイクの本当の役割だと思っているからです。**

メイクをすることで、まだ自分でも気づいていない魅力を発見し、自分の持っているポテンシャルを最大限引き出せるようになる。メイクをする前より豊かな生き方ができるようになる。そんなふうに、毎日をアップグレードするメイクをしましょう。

104

## 自分にドキドキするメイクを目指す

私のオンラインサロンでは、定期的に「メイクアップチャレンジ」をおこないます。メイクアップチャレンジとは、多くの人にとってははじめての経験となるようなメイクにチャレンジしてもらうための課題を出すことです。

実際、「2色のカラーを使ったメイクをしてみましょう」「太めのアイラインに挑戦してみてください」といった、ちょっと大胆な課題を出すと、多くの人から「えっ!」というリアクションが返ってきます。

私としては、「そのメイクが好きか嫌いかはやってみないとわからないですよね? だったら、まずはとにかくやってみて!」と自分自身の殻を破って、成長をうながすきっかけをつくってほしい、という意図があります。

そして、もっと大切にしてほしいのは、「自分自身にドキドキする気持ちを持つ」ということです。

メイクアップチャレンジでは、メイクをした後、「メイクした自分の顔をどう感じたか？」を書き出すことまでが課題です。「赤リップを塗った自分に『女』を感じてドキドキしました」「子どもには『変だよ』と言われましたが、自分では意外と気分が上がっています」というように、まだ見たことのない自分の顔にドキドキしている人がほとんどです。**「こんな私もいたのね！」と自分に驚く気持ちが、メイクをすることの楽しさに向かわせるのです。**

だからあなたも、まだ使ったことのない色、形、質感のメイクに挑戦して、どんどん自分の顔にドキドキしながら自分自身を最大限に楽しんじゃいましょう！

## 105 小さな変化から「自信」を手に入れる

私が毎日、自分のメイクを変えているのは、自分の可能性に驚きたいからです。「わっ、こんなに変われるんだ！」「わっ、こんな私もいるのね！」と、**自分の変化に**

「わっ！」と思えたら、昨日の私より自信が持てた証拠。昨日の私より確実に成長していると思うのです。

朝の忙しいときに「時間をかけてメイクをしましょう」と言っているのではありません。アイラインをすっと引いてみる、チークをさっと入れてみる、グロスでぷるっとさせてみる。そんなふうに、たった数秒でできるような小さな変化で十分、私たちは自分のことを驚かすことができるんです。

「わっ、今日の私、なんだかちょっとキレイかも」と思えたら勝ち。驚きは、私たちが自信を持って今日を生きる戦力になるものです。

## 106 「メイク↓心↓体」の順番で整える

「わっ、今日の私、なんだかいいかも」と鏡を見て思った気持ちが、その後の行動につながっているのを実感することはよくあります。

たとえば、空手の試合の日。私はいつも試合の日にもしっかりメイクをします。むしろ私の場合、フルメイクでバチッと試合に臨むほうが気持ちが上がるので、自信を持って戦えます。

役者の仕事をしたときもそうでした。セクシーな女性という設定だったのですが、私の実力不足もあり、お稽古の段階で演技をしても、なかなかセクシーな女性の心境になりきることができませんでした。「なぜだろう?」と、あとから考えてみると、その理由がノーメイクであることに気づきました。**メイクをしない顔のままセクシーな女性になりきろうとしても、気持ちも行動も追いついていかなかったんです。**

なりたいメイクをした顔を見て、「わっ、いいかも」と自分で思えてはじめて、行動がともなうことはあるのです。それ以降、私は「ここいちばん」のときは必ずしっかりメイクをするようにしています。メイクをして自分の顔にOKを出すことは、心と体を整え、最大限の実力を発揮する秘訣でもあるのです。

## 107 ハイライトのように、どんなときも変わらず凛とすごす

同じハイライトの入れ方をしても、いつもより輝いて見えるときがあります。それは、なぜだと思いますか?

ハイライトがもっとも輝いて見えるとき、それはメインで入れたアイシャドウの部分、つまり「陰」になる部分の暗さが際立っているときです。ハイライトの存在はずっと同じままなのに、まわりが暗くなるという変化によって輝き方の明るさが際立つんです。

だからあなたも、誰かにイヤなことをされたり、意地悪なことを言われたり、陰口をささやかれたりしたときでも変わらず、「マイナスの世界に引っ張られないようにしよう」と心に決めましょう。

嫌なことをする人や意地悪なことを言う人、陰口をささやく人はマイナスの世界に暗く潜んでいる住人です。その人たちと同じことで復讐しようとしたら、自分まで同じ世界の住人になってしまう。だから、変わらずいつもどおり過ごすこと。

**ハイライトが、どんなときでもハイライトとしていつも輝いているように、何があっても自分らしく、ただそこに凛としていればいいと思うのです。**無理してがんばって抵抗しなくても大丈夫。いつものように振舞っているだけで、むしろまわりが暗く沈んでいく分、私の輝きがいきてくるから、と。

これが、ハイライトの輝きを失わないために覚えておきたい大切なことです。

## ハイライトを活かした「透明感メイク」をつくる

ありのままの自分を見てほしいとき、ナチュラルな素肌感を活かしたメイクをしたいときは、ハイライトの効果を活用して顔を仕上げていく「透明感メイク」がおすすめです。

**ハイライトの最大の特徴は、塗った部分に光を集め、立体感や透明感を高めること。**シャドウをしっかり入れて立体感や小顔をつくる、ひと昔前のメイクと比べ、必要なところにだけハイライトをのせてつくるのが透明感メイクです。

透明感メイクは、次の3ステップでつくるベースメイクがカギになります。

**Step1. いったん顔全体の色ムラを統一する**

メイクのファーストステップは、コンシーラーを使ってクマやくすみなど肌の色ムラをなくすこと。とくに目の下、鼻の横、口の横の3点は色ムラができやすい部分なので、のせるコンシーラーの色を調整しながら丁寧に補正しましょう。

## Step2. ベースの段階でツヤ感を仕込む

ハイライトは後から顔にのせて光らせるのではなく、ベースメイクの段階で仕込むことで、顔の内側から発光しているかのようなツヤ感を出していきます。頬骨の高い部分や目頭、鼻筋や上唇の山の部分、アゴの先など、顔の中心に少しずつのせていきます。

## Step3. ほしい部分のツヤだけ残す

透明感と立体感を出すには、光のメリハリが大事。額と鼻の横、鼻の下の光らなくていい部分にはフェイスパウダーを塗って、ツヤ感をコントロールすれば、透明感メイクのベースメイクは完成です。

眉をナチュラルに仕上げるコツは、しっかり描き込まず、スクリューブラシで毛流れを整えて、横にぼかしていくように短い線で細かくつないでいきます。

チークとリップはピンクベージュなどの淡い色をセレクト。チークは大きめのメイ

CHAPTER 5　　Be You To The Full _ あなたのままで最大限に

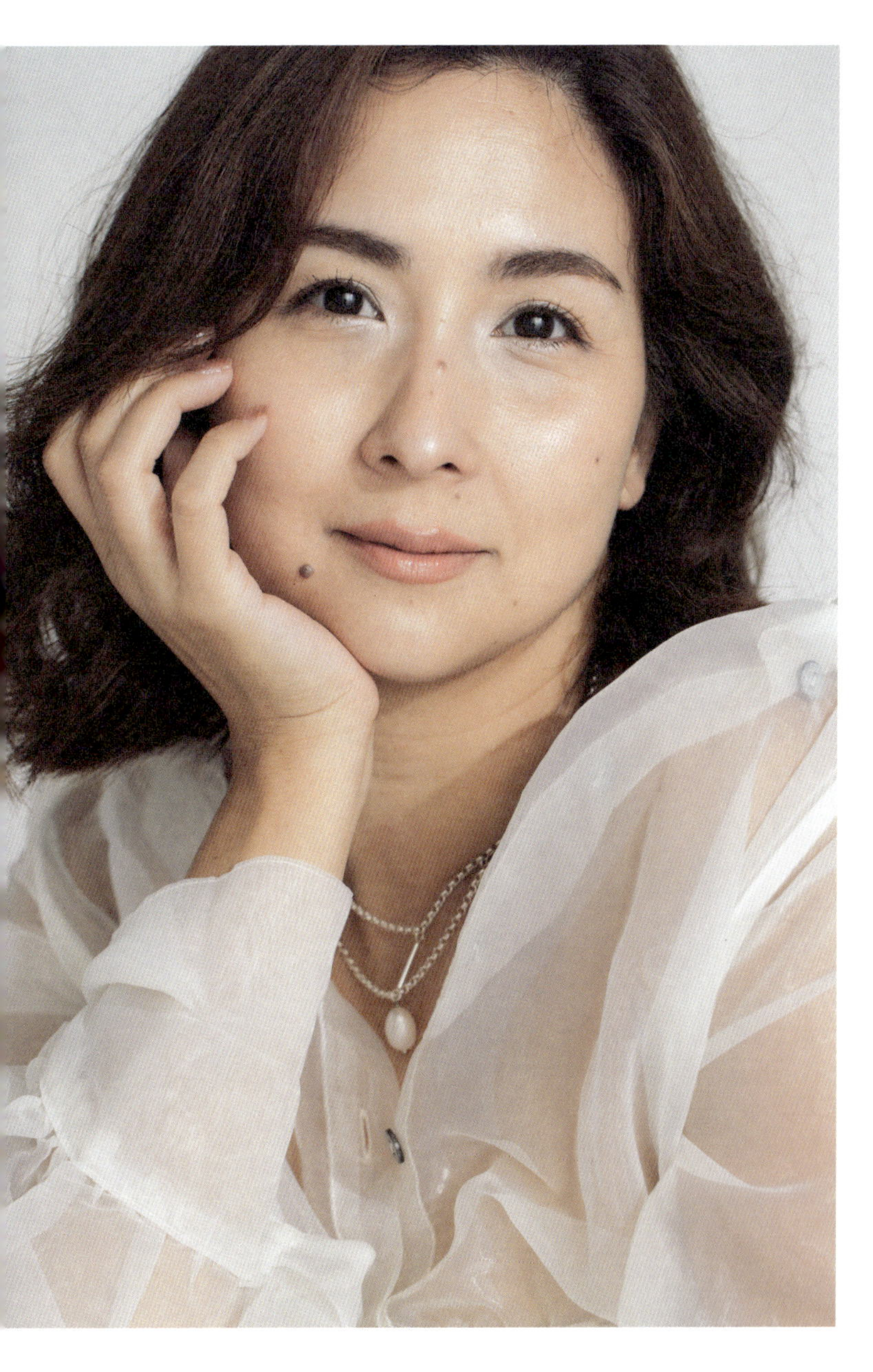

クブラシを使ってふわっとのせます。

パキッとした色を見せたり、はっきりした主張を感じさせたりするわけではないけれど、「品よくキレイ」がかなう透明感メイク。ハイライトの底力を存分に味わってみてください。

## 109 圧倒的な透明感を出す3つのポイントを知る

狙ったとおりの透明感メイクをするためには、3つのポイントがあります。

### Point1. 潤いに満ちた肌の質感を出す

透明感のない肌になってしまう原因は、乾燥と血行不良。だとすれば、潤いに満ちた血色感のある肌づくりを目指すことで、透明感を出せるようになります。メイクをする前に、丁寧な保湿や軽めの顔マッサージをすることで、メイク後の透明感を底上げすることができます。

### Point2. ナチュラルは「天然」ではなく「つくるもの」

透明感に欲しいのは、生き生きとしたナチュラルな肌のイメージです。とはいえ、「透明感メイク＝ほぼノーメイク」ではありません。メイクをしないことがナチュラルなのではなく、ファンデーションやコンシーラーをたっぷり重ねづけしても素肌に見えることが大事です。

### Point3. 顔と首に境目をつくらない

透明感メイクをはばむ敵は、顔と首の色が違うことです。透明感を出そうとするあまり、ファンデーションを均一に塗りつぶすようなメイクをすると一気に「白浮き」してしまいます。自分の肌に合った色のファンデーションやコンシーラーを使って、クマやくすみだけを消すのがコツ。顔の中心から首にかけてナチュラルになじませることで素肌感が生まれます。

この3つは、どんな肌タイプの人でも透明感メイクに挑戦することができるメイクのポイントです。みずみずしさを感じる顔(メイク)をつくりたいときの参考にしてください。

110

# 「ハンサムな女性」を目指す

好きな言葉はたくさんあるけれど、私はとくに「ハンサム」という言葉が大好きです。いわゆるハンサムとは、ひと昔前なら顔立ちの整った男性に向けた、ルッキズムを表現するときの言葉として存在していたかもしれません。

でも、じつは英語のハンサムにはほかにもたくさん意味があります。**「立派な」「堂々とした」「気前のいい」「見事な」「魅惑的な」……ね、女性に向けた表現としても十分使えますよね？** というか、むしろこういう女性って、素敵だと思いませんか？

毎日の暮らしのなかで落ち込むことはあっても、その瞬間のベストを生きているなら、あなたはハンサムな女性そのものです。気分が落ちていて何も手につかない日も、仕事や恋愛が思いどおりにいかない日も、面倒くさくて手抜きのご飯で済ませる日も。何もかも自分の望んでいるシチュエーションじゃなかったとしても、その瞬間をしっかり生きているなら、それはハンサムな生き方なのです。

自立していて、決断力と包容力があって、まわりのノイズを気にせずに颯爽と歩いていくハンサムな女性。そんなハンサムな女性にふさわしいメイクをしていく。人生を豊かに、気持ちよく生きていく極意です。

111

## メイクでハンサムな女性にチャレンジする

「美しさは女性の武器であり、装いは女性の知恵」という言葉を遺したのは、ファッション・デザイナーであるココ・シャネル。彼女もハンサムな生き方をした女性のひとりです。

メイクもファッションと同じ、女性の知恵だと思いませんか？　知恵の引き出しをたくさん持っておくことが、毎日を快適に過ごす秘訣でしょう。

**ハンサムな女性になるためには、勇気も必要です。**ここでは、「メイクチャレンジ」として課題を出したいと思います。

次ページにある4つのポイントを参考にしながら、勇気を出して、この挑戦を受けてみてください。

❶眉などのポイントメイクは直線を意識して描く
❷あなたの持っているアイシャドウのなかでもっとも濃い色を上まぶたにのせる
❸髪の毛はオイルやバーム、ワックスなどのスタイリング剤でウェッティにして後ろに流す
❹あなたの持っているピアスやイヤリングのなかで、もっとも大ぶりのものをつける

いつでも柔軟に、自由に、楽しく生きる知恵をたくさん身につけているのがハンサムな女性だとするなら、この4つポイントも自分らしく挑めるはず。

甘さも辛さもメイクで自在に操ることができる、強く美しい生き方をしていくためのレッスンです。

CHAPTER 5　　Be You To The Full _ あなたのままで最大限に

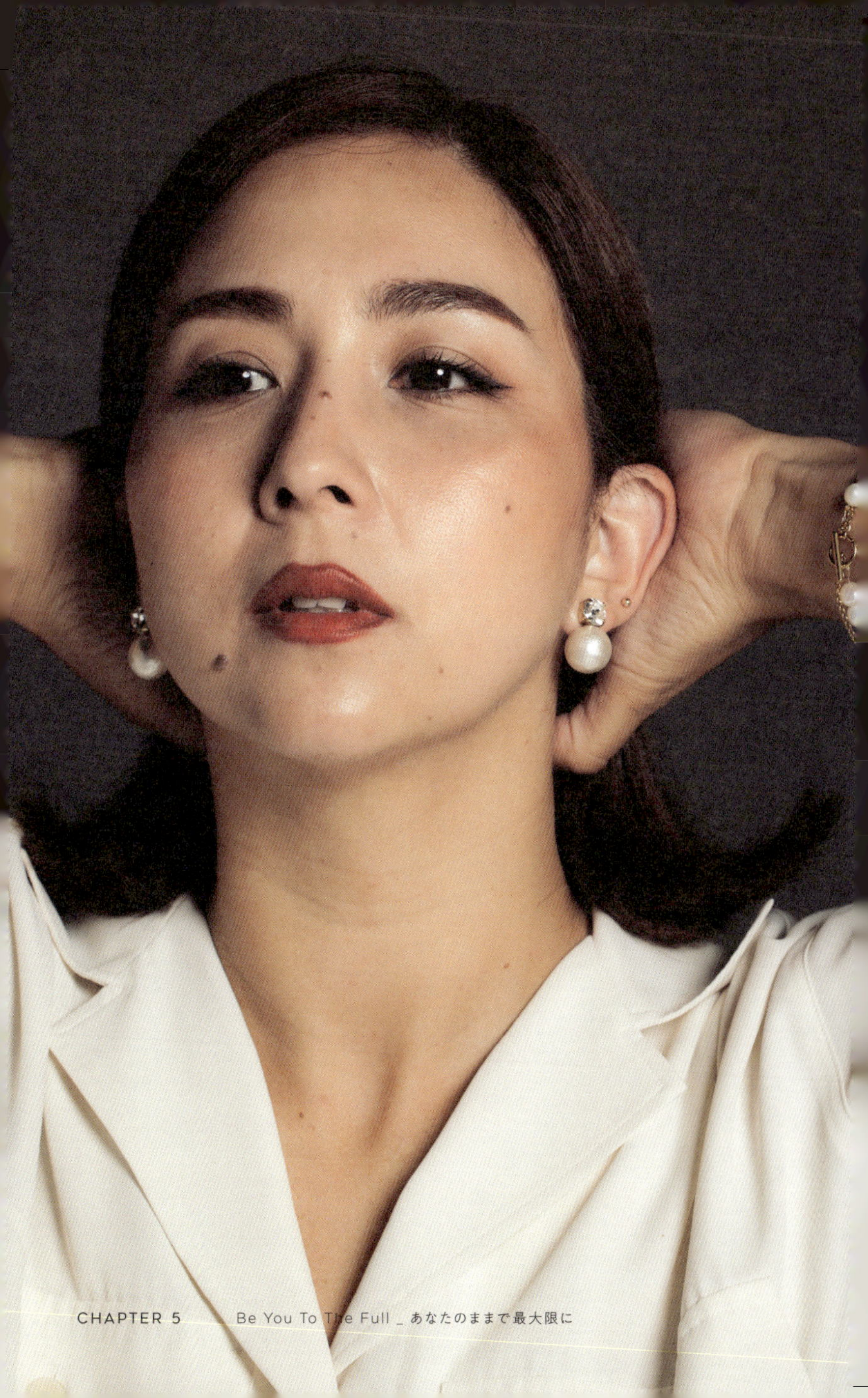

112

## 変化する「今の私」を楽しむ

体型が変わったり、環境が変わったり、人間関係が変わったり、時代が変わったり……変化があるのは当たり前なのに、変わってしまったことに落ち込んでしまう時期は、昔の私にもありました。

もちろん、これからもいろいろなことが変わっていくはずだし、想像もつかないことが待ち受けているかもしれません。

でも、メイクをしていきていこうと決めた今の私は、そんなひとつひとつの変化を受け止めて、その瞬間ごとの自分と向き合っていこうと思えるようになりました。**変化を楽しむことは「今の私」にしかできないと気づいたからです。**

変わったこと、変わること、変わっていくこと。過去、現在、未来の瞬間ごとに生きている「今の私」をしっかり愛してあげてください。

## 「自信がない」経験から逃げない

**「自分に自信がある強い人」は、じつは自信がなくて弱かった時期を経験したことがある人。私はそう確信しています。**はじめから完璧な人や、強い人なんていないと思うからです。

私自身、女性として、人として、妻として、母親として、自信がなく弱い時期をたくさん経験して今にいたっています。**何度も自信をなくして、何度も弱さに負けそうになったからこそ、「自信を持ちたい」「強くなりたい」という目標を持てたのだと思います。**

どん底にいるときは、「どうやってここを抜け出せばいいの?」「いつまでこれが続くの?」と不安で仕方がないもの。でも、そんな経験をしている人ほど、自信がある強い人になれる可能性を持っているということなのです。

自信がなかった自分も、弱かった自分も、それがあってこその自分だと思えたら、必ず自信がある強い人になれます。だからもう大丈夫、今の自分を大切にして生きていきましょう。

## 114 口角を上げてハッピーを呼び込む

プロ顔負けのメイクが上手な人や、赤ちゃんのようなふわふわの肌の人よりも、圧倒的に「この人の魅力にはかなわないな」とその眩しさに目がくらみそうになる人がいます。それは、**笑顔が素敵な人です。**

私が思う「素敵な人」は、口角が上がっていて笑顔をたたえている人。文句なしで素晴らしく「かなわないな」と思います。

笑顔を向けられて不快な気持ちになる人はいないし、こちらもつられて笑顔で返したくたくなるもの。そこにはハッピーな空気が生まれます。

**何よりも、笑顔の魔法にかかるとメイクも抜群に映えるんです。**だから、今この瞬間から口角を上げて笑顔をつくって、ハッピーを呼び込んで！

## メイク以前に「姿勢」を正す

「小顔メイクを教えてほしい！」というリクエストを寄せられることも少なくありません。もちろん、小顔に見せるメイクもあります。でも、もしもメイクをがんばる前に簡単にできることがあれば、まずこのポイントを試してみてください。

メイクの前にできる小顔テクとは、姿勢を正すことです。ね、簡単でしょう？

最近は、スマホを長時間チェックしていることが多いせいか、姿勢がよくない人を大勢みかけます。**背中が丸くなって肩が内側に入ると、自然と首が前に出る格好になるため、顔が大きく見えてしまいます。**首が前に出ることが習慣になると、顔の肉もたるみはじめるリスクもあります。正直、私も忘れがちですが、「あっ」と気づいたら意識してみましょう。

逆に言えば、姿勢を意識するだけで、小顔効果が期待できるということでもあります。**肩をしっかり開くようにして胸を張ると、首がすっと上に伸びて顔も後ろに下がります。**すると、小顔とスタイルアップが一気に叶います。

116

# 入浴は顔をいちばん最後に洗う

明日のメイクのために私がバスタイムで心がけていること、それは「顔はいちばん最後に洗う」ということです。

具体的には、シャンプーをして、体を洗って、湯船に浸かって、さあ上がりましょうという直前に顔を洗うようにしています。**なぜなら、シャンプーやボディソープ、湯船のお湯などが顔についたままバスルームから出ることを避けるため。**顔をできるだけクリーンな状態でキープしつつ、間髪入れず「導入美容液→化粧水→乳液（クリーム）」のスキンケアに移行したいからです。

顔のスキンケアが終わったら、ボディケアをします。こちらもシンプルにボディミルクあるいはボディオイルを使用。一日の終わりには、顔だけでなく体全体を労わる気持ちで優しくケアしてあげましょう。

# もちろんメイク道具も洗う

メイクで使うアイテムはお手入れも大事。とくにメイクブラシは汚れが付着したままだと、メイクの仕上がりが変わってくるので定期的なメンテナンスが必要です。

メイクブラシを洗う頻度は、理想は「使うたび」ですが、それほど汚れが目立たないようであれば3週間に1度でも大丈夫。普段のメイクのときは、使用後にティッシュで表面の油分やパウダーの汚れをオフしておくと衛生的です。

**メイクブラシを洗うのは、専用クリーナーや洗顔に使う石けんなど、肌に優しいものを選びます。** ぬるま湯でメイクブラシを濡らした後、クリーナーや石けんをつけたら手のひらの上でくるくるとメイクブラシを動かして、汚れを浮き上がらせます。その後、たっぷりのぬるま湯でしっかりとすすぎます。

洗った後は、タオルに挟んで水分をきちんとオフ。形を整えて、直射日光の当たらない場所で自然乾燥させましょう。

ちなみに、**メイクブラシを長持ちさせるコツは、毛先を守るためにも乾かしたあと**

ブラシを立てて置くことができるケースに収納することです。毎日の顔をつくる大切なアイテムだからこそ、顔と同じように丁寧にメンテナンスをしましょう。

118

## You are brave!!! ——自分を鼓舞する

あの頃の自分に言ってあげたいことがあります。

「あなたが恐れている理由は、失敗すると思っているから？」

「あなたが恐れているのは、誰かにバカにされること？」

でも、大丈夫。そのチャレンジは、あなたの人生に大事なステップだから。

You are brave!!!（あなたは勇者だよ！！！）

119

## 「エイジング＝美しくない」の思い込みを手放す

アプリ加工や美容整形が日常的になっている時代、リアルな美しさについてポジティブに語られることが少なくなっているような気がしています。

たとえばエイジングについて。エイジングは誰の身にも必ず起こることなのに、とくにSNSではそれが賞賛されているのは見たことがほぼありません。

私自身は20代の頃から実年齢より上に見られることが憧れでした。経験豊富で、物事に対して寛容で、自由を手にしていて、選択肢を多く持っていることは、魅力以外の何ものでもないと思うから。

だから、若さばかりにこだわって、実年齢より1歳でも若く見せようと執着する生き方を、私は選びません。**「細い＝美しい」ではないように、「若い＝美しい」でもないと思っているのです。**

もしも、あなたが「なんか老けたね」と誰かにいわれて、怒りを感じたりショックを受けたりしたら、ちょっと考えてみてください。

確かにトゲのある言葉ですが、あなたが反応したのは、相手に「老けたね」と言われたから？　それとも、自分が「私ってオバさんだな」と気にしていたことだから？

どちらにしても、「老けた」という言葉に引っかかるのは「エイジング＝美しくない」という思い込みがあるからではないでしょうか。

そこに気づくことができれば、あとは「たしかに年齢は重ねている。でも、だからこそ楽しめることも増えた！」とエイジングを受け容れるマインドにシフトしていくだけでずっと楽になります。若さにしがみつくことも、キレイをあきらめることもなく、「受け容れて、楽しく生きていく」という姿勢がエイジングへの私の考え方です。

## 120 未来の自分へメッセージを送る

壁にぶち当たったとき、あなたはどうしていますか？

今まさに、目の前に立ちはだかる〝大きな壁〟を感じている人にお伝えしたいのは、**「モヤモヤしたりドキドキしたりするけれど、壁にぶつかったときほど人は自分の頭で考えることができるし、成長だってできる。そこから学ぶこともたくさんあるし、何よりも経験値が上がるはず」ってこと。**

今こそ、ひと回りも、ふた回りも、自分を大きくするチャンスだと信じて乗り越えていくとき。だから、未来の自分へのメッセージを送ってあげましょう。

「Watch me!（私を見てて！）」。

121

# 「人生は二度ある」と今日から心に刻む

人生は二度ある。私はそう思っています。一度目は当たり前のようになにげなく過ごしている人生。**二度目は、「人生は一度しかない！」と気づいて歩み出した人生です。**

二度目の人生を生きるとき、それは何か新しいことをはじめるとき。でもそれって、ものすごく大きな覚悟と勇気が必要だと思うんです。「本当はあんなことをしてみたいけれど、今の年齢ではもう遅いのかな」「本当はあんなふうになりたいけれど、まわりになんて思われるかしら」などと不安に思うこともあるでしょう。

やっぱり、「やればよかった」より「やってみたけれど違った」と思えたほうが、後悔のない人生になるはず。**それに、やってみたことで新しい自分に出会える楽しさがきっと待っていると思うから。**

今、「まだこれから二度目の人生を生きられる！」と気づいた人は、とてもラッキーな人です。

今日からはじまる唯一無二の自分の人生を、思いっきり楽しんでいきましょう！

# おわりに

「あの人の顔、もともとがイマイチだから」

まだ美容の世界に入ってまもなくの頃、メイク仲間の同僚が放ったそのひと言が「女性の美しさってなんだろう」と私が考えるきっかけになりました。

その同僚は、自分がしたメイクの仕上がりに納得がいかなかった理由を、あろうことか相手の顔立ちのせいにしたのです。

その発言を聞いた瞬間、私の心は「それは違う！」とザワザワしました。


プロである以上、相手がどんな顔立ちであろうと美しくメイクをしていくのが仕事ですし、そもそも人の顔立ちに優劣をつけることすら、おこがましいことだと思ったからです。

この本のタイトルにもなっている「美に基準はない」は、当時から今までずっと、私が信じ続けている考え方です。

**美しいかどうかを決めるのは自分自身だけができること。**

**ほかの誰かによってジャッジされることではありません。**

このことは、私の果たすべき役割が
「メイクでその人のよさを最大限引き出すこと」だと確信する出来事にもなりました。

私のインスタグラムには私自身はもちろん、いろいろな年齢や職業の女性が登場し、
メイクによって変化する自分の顔をそれぞれ楽しんでいます。
なによりもうれしいのは、メイクをした後のすべての女性たちが笑顔になること。
そして、「これ、本当に私?」「こんな私もいたんだ!」と
まだ見たことのなかった自分の可能性に気づいて、自信を持ちはじめることです。
そう、女性の「変化」は「自信」になるのです。

メイクはその人のよさを最大限引き出すことができる最強の武器。

ひとたびその武器を手にしたら
「今日一日、機嫌よく過ごせる」「自分のことを好きになれる」「自分らしく生きていける」

というように、幸せがどんどん増幅していくようになります。

**自信を持ちはじめた人は、強くて美しい。**

「女性の美しさってなんだろう」という問いに対する私の答えもそこにあると思っています。

自信を持って強くしなやかに、自分らしく笑顔で生きていく。

それが私にとっての女性の美しさだと思うのです。

**じつは、この本に載っている私の写真は1点たりともすべて手を加えていません。**

加工アプリや美容整形が当たり前になった今だからこそ、あえてリアルな今の私をお見せすることでメイクに宿るパワーをお伝えしたかったのです。

**目尻に刻まれたシワも、あごの下についたお肉も丸ごと受け入れて、正直に生きていく。それがどれだけ自分にワクワクすることかをお伝えしたかったからです。**

この本を手にとり、最後までお読みくださったあなたにとって、メイクをすることで変化する自分が楽しみになり、昨日より今日の自分に自信を持てるようになれば、こんなにうれしいことはありません。

最後に、いつも私と同じ目線で伴走してくれる矢野マネージャー、何度「ありがとう」と言っても足りないくらいです。そして、どんなときも私を心から支えてくれる家族や友人、また撮影当日までどんなヘアメイクや衣装になるかわからないのに100%信頼して、すべて私物と自分のヘアメイクに任せてくれたアンノーンのみなさんにも感謝。私が今、幸せなのはみなさんのおかげです。

この本が、明日からの私たちを少しでも強く美しくするきっかけになりますように、心を込めて。

Aya Vanessa

## 亜耶バネッサ AYA VANESSA

トータルビューティーアドバイザー

メイクブランド「BYTF」ディレクター
「全国の女性を強く美しくする」を目標とし、メイクだけではなく、ヘアスタイル、姿勢、似合うコーディネートやメイクカラーなどトータルで指導するトータルビューティーアドバイザーとして活動中。

5歳から始めた空手では全国大会、世界大会の優勝経験を持ち、ラグビー女子日本代表候補にも選ばれるアスリートの一面も持つ。スポーツで培ったメンタルとチャレンジ精神は今の考え方の基礎となる。

アスリートでありながら芸能活動も長年したことで、撮影現場でのメイク経験を積む。その後は口コミにより、ブライダルメイク、プロフィール撮影などメイクアップアーティストとしての仕事の幅を広げる。

その他、企業のスキルアップ研修や1200名規模のセミナー、大学、専門学校での講師も勤める。メイクレッスンや養成講座も実施。

コロナ禍になり「女性の美しさを応援したい。」と始めたインスタグラムでのメイクやコーディネート動画が共感と憧れを生み、フォロワーが15万人以上になる。ブランド監修や企業コンサルも手掛ける。

---

亜耶バネッサInstagram
@ayavanessa

BYTF公式Instagram
@bytfcosmetics


# 美に基準はない。
# 美しくなる権利は誰にでもある。


2024年10月29日　初版第1刷発行

著者　亜耶バネッサ
編集人　山﨑薫
発行人　安達智晃
発行　アンノーンブックス（アンノーン株式会社）
〒150-0043 東京都渋谷区道玄坂1-12-1
電話:03-6768-8229　FAX:03-6784-9729
Mail:info@unknownbooks.co.jp
URL:https://unknownbooks.co.jp

発売　サンクチュアリ出版
〒113-0023 東京都文京区向丘2-14-9
電話:03-5834-2507　FAX:03-5834-2508

ブックデザイン　江原レン　和田真依（mashroom design）
撮影　藤本孝之
編集協力　山口佐知子　内田里奈　矢野真理子
メイクアシスタント　比嘉奈津子

印刷／製本　株式会社 光邦




ISBN978-4-8014-8056-8